Dietram Schneider

Fallstudien und Klausurtraining zur Unternehmensführung

– Case Studies und Multiple-Choice-Aufgaben für Manager, Controller und Berater

2., überarbeitete und erweiterte Auflage

AF144938

Schriftenreihe des Kompetenzzentrums für Unternehmensentwicklung und -beratung

Das Kompetenzzentrum für Unternehmensentwicklung und -beratung (KUBE e.V.) widmet sich der Entwicklung, Pflege, Anwendung und Diffusion betriebswirtschaftlicher Methoden und Instrumente in Theorie und Praxis. Unter **www.kube-ev.de** gibt es nähere Informationen über KUBE-Projekte, -Studien, -Methoden und -Publikationen.

Bisher erschienene Werke:

Hauke, W.; Opitz, O. (2003): Mathematische Unternehmensplanung, 2. Aufl.

Boes, S. (2004): Die Anwendung der Konzepte probabilistischer Bevölkerungsmodelle auf Prognosen für den Hochschulbereich

Pflaumer, P. (2004): Klausurtraining Deskriptive Statistik

Schneider, D. (2004): Grundlagen der Betriebswirtschaftslehre – kompaktes Basiswissen

Pflaumer, P. (2005): Klausurtraining Finanzmathematik

Schneider, D. (2005): Klausurtraining Grundlagen der Betriebswirtschaftslehre, 2. Aufl.

Schneider, D.; Amann, M. (2005): Benchmarking von Beratungsgesellschaften mit Success Resource Deployment – ein empirischer Vergleich von Accenture über BCG bis McKinsey aus Kundensicht

Hagenloch, T. (2007): Value Based Management und Discounted Cash Flow-Ansätze. Eine verfahrens- und aufgabenorientierte Einführung

Rauch, K. (2007): Steuern in der Sozialwirtschaft – Steuern und Gemeinnützigkeit

Hagenloch, T. (2009): Grundzüge der Entscheidungslehre

Hagenloch, T. (2009) Einführung in die Betriebswirtschaftslehre. Theoretische Grundlagen und Managementlehre

Kummer, S. (2009): SWOT-gestützte Analyse des Konzepts der Corporate Social Responsibility – Die soziale und ökologische Verantwortung der Unternehmen

Söhnchen, W. (2010): Operatives Controlling. Grundlagen und Instrumente

Hagenloch, T. (2010): Die Seminar- und Bachelorarbeit im Studium der Wirtschaftswissenschaften – Ein kompakter Ratgeber

Henning, S. (2013): Kosten und Leistungsrechnung, Grundlagen und praxisorientierte Anwendungsbeispiele aus der Betriebs-, Sozial- und Tourismuswirtschaft, Band I: Betriebliches Rechnungswesen und klassische Kosten-/Leistungsrechnung

Hänle, M.; Schneider, D. (2014): Raum- und Immobilienmanagement – Fallstudien und Klausurtraining

Schneider, D. (2015): Unternehmensführung – Instrumente für das Management in der Postmoderne, Kompakte Studienausgabe, 2. Aufl.

Schneider, D. (2015): Fallstudien- und Klausurtraining zur Unternehmensführung – Case Studies und Multiple-Choice-Aufgaben für Manager, Controller und Berater, 2. Aufl.

Dietram Schneider

Fallstudien und Klausurtraining zur

Unternehmensführung

- Case Studies und Multiple-Choice-Aufgaben für Manager,

Controller und Berater

2., überarbeitete und erweiterte Auflage

Die Deutsche Bibliothek – CIP-Einheitsaufnahme

Ein Titelsatz für diese Publikation ist bei der Deutschen Bibliothek erhältlich.

Herstellung und Verlag: BoD - Books on Demand, Norderstedt
ISBN 978-3-7386-3118-0

Vorwort

Dieses Buch umfasst Fallstudien, Übungs- und Klausuraufgaben zum Thema Unternehmensführung und -entwicklung sowie zum strategischen Management und Controlling. Im Zentrum steht dabei die Vertiefung und Anwendung der betriebswirtschaftlichen Methoden und Instrumente auf diesen Gebieten. Das Buch kann insofern einerseits zur gezielten Prüfungsvorbereitung im Rahmen von Einzel- und Teamarbeiten im Bachelor- und Masterstudium an Hochschulen und Universitäten dienen. Andererseits ermöglichen besonders die Case Studies daneben auch eine wichtige Ergänzung für Seminare und Trainings, um das methodisch-instrumentelle Wissen zur Lösung und Handhabung konkreter Fälle einzusetzen.

Das Fallstudien- und Klausurtraining wendet sich folglich sowohl an Praktiker aus dem Management, aus dem Controlling und aus der Beratungsbranche als auch an Nachwuchsführungskräfte, die ihr methodisch-instrumentelles Wissen erweitern, vertiefen und im Rahmen von Team- und Gruppenarbeiten zu Trainingszwecken anwenden wollen. Außerdem kann es für Studierende und Lehrende in höheren Semestern wirtschaftswissenschaftlicher Bachelor- und Masterstudiengänge ein wichtiger Begleiter sein.

Es bietet eine hervorragende Ergänzung für das ebenfalls in dieser Schriftenreihe des Kompetenzzentrums für Unternehmensentwicklung und -beratung e.V (KUBE) erschienene Lehrbuch

> *Schneider, D.; Unternehmensführung – Instrumente für das Management in der Postmoderne, Kompakte Studienausgabe, 2. Auflage, Norderstedt, 2015,*

sowie für das Lehrbuch

> *Schneider, D.; Unternehmensführung und strategisches Controlling – überlegene Methoden und Instrumente sowie postmoderne Relativierungen, 5. Auflage, München u. Darmstadt, 2007.*

Selbstverständlich kann dieses Fallstudien- und Klausurtraining auch in Kombination mit anderen Lehrbüchern eingesetzt werden, wenn diese einen methodisch-instrumentellen Schwerpunkt setzen.

In Kapitel I befinden sich 24 Multiple-Choice-Blöcke mit jeweils zehn Aussagen. Die Lösungen sind anschließend aufgelistet.

Kapitel II umfasst zunächst zehn umfangreichere Case Studies, die sich alle für ein Gruppen- oder Einzeltraining eignen. Im Anschluss daran werden die ausgearbeiteten Lösungen und Handhabungsvorschläge geboten.

Kapitel III enthält zusätzliche Case Studies ohne Lösungen.

Kapitel IV bietet eine typische Examensklausur (Probeklausur).

In Kapitel V sind zahlreiche kleinere Übungsaufgaben und typische Lern- und Detailfragen aufgelistet, die insbesondere der Vorbereitung auf mündliche Prüfungen oder auf schriftliche Ergänzungsfragen dienen sollen. Schließlich gibt Kapitel V einen Überblick über umfangreichere und vor allem schriftlich abzuhandelnde Examens- und Prüfungsthemen.

Die Fallstudien, die Multiple-Choice-Aufgaben und die in Kapitel V gebotenen Lern- und Detailfragen sowie die dort niedergelegten Examens- und Prüfungsthemen sind in der Regel so gegliedert, wie es dem Inhaltsverzeichnis der o.g. Lehrbücher – aber auch den Gliederungen von anderen Fachbüchern zu diesen Themen – entspricht.

An dieser Stelle darf ich meinen StudentInnen und AssistentInnen herzlichen Dank sagen. Sie haben mich durch zahlreiches und hartnäckiges Fragen sowie durch vielfältige Hinweise sowohl zur Erstellung dieses Übungsbuches motiviert als auch zur Entwicklung mehrerer Übungsaufgaben ganz wesentlich beigetragen. Schließlich gilt mein Dank dem Kompetenzzentrum für Unternehmensentwicklung und -beratung (KUBE e.V.), den Mitgliedern, Beiräten und meinen Vorstandskollegen im KUBE, den Herren Prof. Dr. Peter Pflaumer und Prof. Dr. Wolfgang Hauke, für die Aufnahme des vorliegenden Buches in die KUBE-Schriftenreihe. Mein herzlicher Dank gilt auch dem Verlag für die hervorragende Zusammenarbeit.

im September 2015   *Dietram Schneider*

Inhaltsverzeichnis

Kapitel I

1. Multiple-Choice-Aufgaben

In diesem ersten Kapitel sind insgesamt 24 Multiple-Choice-Aufgaben enthalten. Jeder Aufgabenblock besteht jeweils aus zehn Statements unterschiedlicher Schwierigkeitsgrade. Beurteilen Sie die jeweiligen Statements danach, ob sie richtig oder falsch sind. Dazu finden Sie in Gliederungspunkt 2 (Seite 30) die Lösungen.

Hinweis: Die Reihenfolge der Aufgaben orientiert sich weitgehend an der Reihenfolge der Präsentation der Inhalte innerhalb der Kapitel I bis IV in den folgenden Lehrbüchern:

Schneider, D.; Unternehmensführung – Instrumente für das Management in der Postmoderne, Kompakte Studienausgabe, 2. Auflage, Norderstedt, 2015.

Schneider, D.; Unternehmensführung und strategisches Controlling – überlegene Methoden und Instrumente sowie postmoderne Relativierungen, 5. Auflage, München u. Darmstadt, 2007.

Aufgabe 1:
Führung, Instrumente und Postmoderne:

a) Unternehmensführung und Menschenführung sind auf Personalführung angewiesen. Und ohne Unternehmensführung gibt es keine Personalführung.
b) Menschenführung bedarf der Unternehmensführung.
c) Willensdurchsetzungsprozesse sind Willensbildungsprozessen nachgelagert.
d) Entlang der Managementhierarchie haben Willensbildung und Willensdurchsetzung unterschiedliche Anteile. Im unteren Teil der Managementhierarchie, im Lower Management, ist Willensbildung nicht mehr vorhanden.
e) Das Phänomen der Führung entsteht u.a., weil Menschen im Zuge der Willensdurchsetzung häufig auf begrenzte (eigene) Kapazitäten stoßen.
f) Willensbildung und Willensdurchsetzung sind zwei Hauptphasen des Entscheidungsprozesses im Rahmen der präskriptiven Entscheidungstheorie. Anregung und Suche sind Unterphasen der Willensbildung.
g) Die Abflachung von Hierarchieebenen führt zur Ausweitung der Leitungs- bzw. Kontrollspanne.

h) Die so genannten „Postmodernen Denker" zeichnen sich u.a. durch eine Skepsis gegenüber so genannten „Meta-Erzählungen" aus, die nach Einschätzung postmoderner Philosophen ihre Legitimationskraft und ihren Geltungsanspruch verloren haben.

i) „Postmoderne Denker" plädieren für die Einheit der Vernunft und der Wahrheit.

j) Die Einheit der Rationalität kommt durch den Begriff „transversale Rationalität" zum Ausdruck.

Aufgabe 2:
Führung, Instrumente und Postmoderne:

a) Bei der so genannten Dekonstruktion wird versucht, durch hermeneutisches Erschließen den tieferen Sinn von Texten zu erschließen.

b) Dekonstruktion kann als Begriff auch herangezogen werden, um die Auflösung und Zerspaltung von zwischen- und innerbetrieblichen Wertschöpfungsketten zu beschreiben.

c) Die Postmoderne zieht für ihre Gesellschaftsdiagnose u.a. folgende Charakterisierungen heran: Desorientierung, Kurzlebigkeit, Oberflächlichkeit, Unsicherheit, Flexibilität, Legitimations- und Glaubwürdigkeitskrisen.

d) Einheitsappelle bergen Dekonstruktionspotenzial. Trotzdem wird von ihnen in der Praxis häufig Gebrauch gemacht.

e) Lyotard und Foucault gelten als wichtiger Vertreter der betriebswirtschaftlichen Führungslehre.

f) Foucault thematisiert u.a. die machtstabilisierende Funktion von Diskursen.

g) Die so genannte Darwiportunismus-Matrix wird durch die zwei Dimensionen „Dekonstruktionspotenzial" und „Opportunismus" aufgespannt.

h) Anhänger des Darwoportunismus gehen davon aus, dass es für Mitarbeiter keine „Stammplatzgarantie" mehr gibt.

i) Eine Variante der (neuen) Arbeitswelt in der Darwiportunismus-Matrix ist der „Kindergarten". Diese Variante liegt bei geringem Opportunismus und hohem Darwinismus vor.

j) Die Darwiportunismus-Matrix unterstellt in ihrer skizzierten und einfachsten Form eine Unabhängigkeit ihrer Dimensionen. Allerdings ist davon auszugehen, dass sich Darwinismus und Opportunismus in einer komplementären Beziehung befinden. Diese komplementären Beziehungen erinnern an den so genannten Punktwolkeneffekt bei der praktischen Konstruktion von Portfolios.

Aufgabe 3:
Führung, Instrumente und Postmoderne:

a) In der auf Basis der Darwiportunismus-Matrix bezeichneten Arbeitswelt des „Feudalismus" fühlen sich die Mitarbeiter trotz der Gefahr der Ausbeutung an das Unternehmen gebunden.

b) In Zeiten des Darwiportunismus lohnt es sich für Mitarbeiter um so mehr, sehr spezifisch in die Qualifikation zu investieren, die auf einem bestimmten Arbeitsplatz eines bestimmten Unternehmens gebraucht wird.

c) Postmoderne Gesellschaftsdiagnose und Darwiportunismus stärken eine voluntaristische Sichtweise der Unternehmensführung und zeigen die Vorteilhaftigkeit eines synoptischen Planungsansatzes.

d) Managementinstrumente sind immer nur in der Lage, singuläre Ausschnitte über die Realität aufzuzeigen. Im Sinne von postmodernen Philosophen können sie aber auch herangezogen werden, um Simulationen bzw. Fiktionen zu produzieren.

e) Das postmoderne Plädoyer für die Erhaltung der Pluralität kann für die Anwendung von Managementinstrumenten bedeuten, im Rahmen der Unternehmensführung ein möglichst vielfältiges Instrumenten- und Methodenspektrum heranzuziehen.

f) Es besteht ein „fit" zwischen den postmodernen Gesellschaftsdiagnosen und den in der Berufs- und Managementrealität beobachtbaren kürzeren Verweildauern von Führungskräften und Top-Managern auf ihren Positionen.

g) Obwohl die Darwinismuskomponente im Rahmen der Darwiportunismus-Matrix vor allem auf das Unternehmen abstellt, unterliegen selbstverständlich auch Mitarbeiter einem Selektionsdruck.

h) Eine Variante der (neuen) Arbeitswelt ist der „Darwiportunismus pur". Diese Variante liegt bei hohem Opportunismus und hohem Darwinismus vor.

i) Derrida ist ein Vertreter des so genannten Darwiportunismus

j) In der auf Basis der Darwiportunismus-Matrix bezeichneten Arbeitswelt der „guten alten Zeit" liegt eine Gefahr in der geringen Effizienz im Unternehmen, die insbesondere bei steigendem Wettbewerb zur Selektion des Unternehmens führen kann.

Aufgabe 4:
Führung, Postmoderne und kosmopolitisches Management:

a) Die Vertreter der Postmoderne sind gleichzeitig Vertreter des kosmopolitischen Managements.

b) Erkenntnisse der Postmodernen Gesellschaftsdiagnose können herangezogen werden für die Beurteilung der globalen Umwelt eines Unternehmens.

c) Der „Hype um die Hybridität" wird von Autoren wie Ha dekonstruiert.

d) Der Ansatz von Zachary zum kosmopolitischen Management läuft darauf hinaus, interpersonal gemischten hybriden (Management-) Teams den Vorrang gegenüber so genannten „Mischlingen" einzuräumen.

e) Zachary ist ein Vertreter der intrapersonalen Hybridität im Management.

f) Kanter ist – wie Foucault – eine Vertreterin des kosmopolitischen Managements.

g) Die drei so genannten „Cs" von Kanter umfassen „Concepts", „Competence" und „Compliments".

h) Nach Kanter soll das kosmopolitische Management auch politische und soziale Verantwortung übernehmen.

i) Der interpersonellen Vielfallt stellt Zachary die intrapersonelle Vermischung gegenüber.

j) Aus der Sicht der Postmoderne ist der Hype um das kosmopolitische Management in Verbindung mit der dabei produzierten „Greatness" als Meta-Erzählung mit hohem Dekonstruktionspotenzial einzustufen.

Aufgabe 5:
Unternehmensführung, Planung und Instrumente:

a) Ein Nachteil des Regelkreis-Modells der Unternehmensführung liegt in der Vernachlässigung der Zielbildung.

b) Die Kontrolle ist im Regelkreis-Modell der Unternehmensführung fest verankert. Aus ihr sind wichtige Eingangsinformationen für die Planung und Zielbildung in nachfolgenden Planungsphasen gewinnbar. In der Praxis sollte sie daher kein Schattendasein fristen.

c) Die Bedeutung der Unternehmensplanung kann insbesondere auf die zunehmende Komplexität, Dynamik und Flexibilität zurückgeführt werden, weshalb die Planungsintensität in Unternehmen steigen sollte.

d) Die Liste der so genannten „Strategietreiber" in Anlehnung an Camphausen weist Parallelen zur postmodernen Gesellschaftsdiagnose auf. Sie enthält u.a. die Verunsicherung durch Terrorgefahren, die Privatisierung der Kriegsführung und die Entstehung neuer Geschäfte.

e) Das so genannte Planungstableau ist in Analogie zu den Entscheidungstableaus aus der präskriptiven Entscheidungstheorie aufgebaut. Den Kombinationen aus Alternativen und Umweltzuständen sind darin Ergebnisse zugeordnet.

f) Zwischen Flexibilität und Planung besteht eine Austauschbeziehung. Allerdings ist diese begrenzt. Der Aufbau von Flexibilität braucht in der betrieblichen Praxis Planung. Und die Planung sollte flexibel sein.

g) Der Einsatz von Managementinstrumenten führt zur Begrenzung der unternehmerischen Intuition. Diese Gefahr besteht vor allem in Klein- und Mittelstandsunternehmen, in denen in der Regel synoptisch geplant wird.

h) Postmoderne Philosophen würden insbesondere vor dem Hintergrund der Dekonstruktion für einen synoptischen Planungsansatz eintreten.

i) Die Stärkung des so genannten „Intrapreneuring" entspricht der „Kultivierung der unternehmerischen Intuition".

j) Um ein höheres Niveau an Fähigkeiten zu erreichen, um Turbulenzen zu absorbieren, sollte bei ausgebauter Flexibilität des Unternehmens im Gegensatz zum Ausbau der Planung das Flexibilitätsniveau nochmals erhöht werden.

Aufgabe 6:
Unternehmensführung und Kundenorientierung:

a) Die Bedeutung der Kundenorientierung für die Unternehmensführung verweist bei der so genannten „traditionellen Argumentation" auf den Übergang vom Käufermarkt zum Verkäufermarkt.

b) In den Managementphilosophien „Lean Management und Re-Business-Engineering" steht vor allem die interne Prozessperspektive (Verbesserung der Fertigungsplanung und der Arbeitsvorbereitung, Minimierung der Durchlaufzeiten) und weniger die Kundenorientierung im Mittelpunkt.

c) Beim so genannten Zusatznutzen handelt es sich immer um Nutzenkategorien, die der seelisch-geistigen Sphäre zuzuordnen sind, während der Grund- bzw. Zwecknutzen an stofflich-technischen Eigenschaften ansetzt.

d) So genannte Basisfaktoren im Kano-Modell sind dem Erbauungsnutzen im Sinne von Vershofen zuzuordnen.

e) Der Geltungsnutzen speist sich aus der sozialen Sphäre, der Erbauungsnutzen aus der persönlichen Sphäre. Beide sind in Anlehnung an Vershofen der Kategorie Zusatznutzen zuzuordnen.

f) Nach Levitt besteht die Aufgabe eines Unternehmens weniger in der Produktion von Gütern, sondern vor allem in der nachhaltigen Befriedigung von Kundenbedürfnissen und -wünschen.

g) Die Differenzierungsrelevanz des Zusatznutzens nimmt entlang der Zeit bzw. der Reife eines Produkts und einer Branche in der Regel zu, weshalb u.a. die Kommunikationspolitik bei Werbemaßnahmen dann vor allem auf die Demonstration von Zusatznutzenkategorien und weniger von Grundnutzenkategorien aufbaut.

h) Das Erstmaligkeits-Bestätigungs-Modell (EBM) spannt das Ausmaß der pragmatischen Information über dem Kontinuum der Pole Erstmaligkeit und Bestätigung auf.

i) In der Praxis wird insbesondere über die Erschließung von Zusatznutzenkategorien versucht, Erstmaligkeit im Sinne des EBM zu erzeugen.

j) Bei der Erzeugung erstmaliger Grundnutzenkategorien (z.B. bei Basisinnovationen) werden zunächst Nachteile bei Zusatznutzenkriterien in Kauf genommen. Entlang der Zeit wandeln sich diese dann immer mehr zu Grundnutzenkategorien, die der Kunden im Sinne des „must have" erwartet.

Aufgabe 7:
Unternehmensführung und Kundenorientierung:

a) Würde die Kommunikationspolitik bei erstmaliger Erschließung von Grundnutzen bei der Generierung von Werbeslogans auch noch auf Zusatznutzenkomponenten abstellen, könnte dies zu einer informatorischen Überforderung von (potenziellen) Kunden führen.

b) Bei standardisierten, alten Produkten würde eine Kommunikationspolitik, die im Vergleich zum Zusatznutzen den Grundnutzen in den Vordergrund stellt, zur informatorischen Unterforderung der (potenziellen) Kunden führen.

c) Das Means-End-Konzept sieht in den Means die „Mittel" und in den Ends Kriterien, die vor allem den Begeisterungsfaktoren zuzuordnen sind.

d) Auf der Seite der Ends stehen vor allem die physikalischen Eigenschaften, durch die sich ein Produkt auszeichnet.

e) Beim Beispiel einer Pfarrgemeinde würde es sich beim Pfarramt und beim Pfarrbrief um Ends und bei der Spendenbereitschaft und würdigen Gottverehrung um Means handeln.

f) Das Trichtermodell der Estmaligkeitsentwicklung in Anlehnung an das Means-End-Konzept plädiert nicht für eine einseitige meansgebundene Forschungs- und Entwicklungsstrategie. Vielmehr sind danach im Sinne eines Gegenstromprinzips sowohl ends- als auch meansgebundene Forschungs- und Entwicklungsstrategien erforderlich.

g) Das Means-End-Konzept hilft zum Beispiel bei Anwendung des so genannten Success Resource Deployment, so genannte Erfolgsfaktoren und Ressourcen zu separieren. Ressourcen sind danach „meansnah" und Erfolgsfaktoren „endsnah" zu formulieren.

h) Means unterliegen in der Praxis in aller Regel einer höheren Veränderlichkeit als Ends.

i) Gleiche Ends können durch unterschiedliche Means beeinflusst werden. Means können mehrere Ends beeinflussen – sowohl negativ als auch positiv.

j) Das Management eines Unternehmens im Sinne von Vorstand und Geschäftsführung ist als Mean, das Lower Management auf der Ebene der wertschöpfenden Basis ist als End aufzufassen.

Aufgabe 8:
Grundlagen zielorientierter Unternehmensführung:

a) Der Zielbildungsprozess, den Foucault beschreibt, geht von den unterschiedlichen Werthalten der so genannten Satellitengruppen aus, die schließlich in Ziele der Unternehmung münden.

b) Das Grundmodell des unternehmerischen Zielbildungsprozesses unterscheidet in Ziele für die Unternehmung und Ziele der Unternehmung. Die Ziele für die Unternehmung sind von den Kernorganen noch nicht autorisiert worden.

c) Bei den Zielen für die Unternehmung handelt es sich um Forderungen an die Kernorgane, die aus der Perspektive der so genannten Satellitengruppen auf der Basis von deren Werthaltungen formuliert wurden.

d) Ziele der Unternehmung, die aus dem Zielbildungsprozess hervorgehen und insbesondere an die Presse signalisiert werden und/oder in Broschüren von Unternehmen Eingang finden, sind in Anlehnung an die Zieldimensionen in der Regel sehr konkret formuliert.

e) Ziele stellen häufig Zielkompromisse dar, die im Sinne von Foucault Diskursen entspringen.

f) Eine Grundlage der Zielbildungsmacht kann in der Kommunikations- und Präsentationsfähigkeit der Interessenträger im Rahmen von Diskursen gesehen werden.

g) Zieldimensionen sind wichtige Ankerpunkte für die Zielvertikalisierung, um u.a. Ziele der Unternehmung entlang der Hierarchieebenen im Unternehmen zu konkretisieren.

h) Je höher der Kapitalumschlag, desto geringer der Return on Investment.

i) Das Du-Pont-Schema zeigt eine Zielpyramide. Zielpyramiden zeigen insbesondere auf, in welcher Beziehung untergeordnete Ziele zu übergeordneten Zielen stehen können.

j) Die Reduktion von Vorräten wirkt sich sowohl auf den Kapitalumschlag als auch auf die Umsatzrendite positiv aus, weshalb mit einem Anstieg der Kapitalrendite zu rechnen ist. Die Reduktion von Sachanlagen, die in der Regel mit einer Verkürzung der Bilanz verbunden ist, wirkt sich dagegen nur auf die ROI-Komponente Kapitalumschlag aus.

Aufgabe 9:
Grundlagen zielorientierter Unternehmensführung:

a) Im Rahmen des Planungsprozesses nimmt die Zielformulierung eine zentrale Stellung ein. Für eine möglichst konkrete Zielformulierung sollten die Zieldimensionen genutzt werden. Dabei handelt es sich um den Zielinhalt, das Zielausmaß und den Zeitbezug des Zieles.

b) Zielbeziehungen – wie z.B. komplementäre, indifferente, konkurrierende, temporäre – sind wichtig für die Gestaltung von Ziel-Mittel-Beziehungen.

c) Die über die verschiedenen Planungselemente entwickelbaren Planungswürfel bedürfen der Integration (integrierte Unternehmensplanung). Dabei sind horizontale und vertikale Integration unterscheidbar.

d) Je größer das Unternehmen und je stärker die Planung arbeitsteilig organisiert ist, desto eher sind die Funktionen des Planungsverantwortlichen, des Planungsträgers und des Planungsinformators bei einer Person gebündelt.

e) Die Instandhaltungsplanung ist Gegenstand der strategischen Planungsebene.

f) Im Vergleich zur operativen Planungsebene ist die strategische Planungsebene gekennzeichnet durch eine höhere Detailliertheit, geringere Fristigkeit und geringere Formalisierbarkeit.

g) Beim synoptischen Planungsansatz gehen mehr Alternativen ein als bei der inkrementalen Vorgehensweise. Beim synoptischen Ansatz ist außerdem die Planungskontinuität höher und der Planungshorizont ist länger.

h) Der synoptische Planungsansatz ist dem inkrementalen Planungsansatz überlegen, weil seine Realisierung in der Praxis vor allem geringere Kosten verursacht.

i) Der synoptische Ansatz entspricht systemtheoretisch interpretiert der Steuerung; der inkrementalistische Ansatz entspricht systemtheoretisch interpretiert der Regelung. Die Regelung ist reaktiv, die Steuerung antizipativ ausgerichtet.

j) Strategische Geschäftseinheiten sollten u.a. so gebildet werden, dass für sie eigenständige SWOT-Analysen möglich und eigenständige Strategien formulierbar sind, die andere strategische Geschäftseinheiten möglichst wenig tangieren. Sie müssen in der Praxis nicht – können aber – mit der so genannten Primärorganisation eines Unternehmens übereinstimmen.

Aufgabe 10:
Instrumente für die Unternehmensführung:

a) Je höher die Chancen auf der Umweltseite und je ausgebauter die Stärken eines Unternehmens, desto mehr Gelegenheiten ergeben sich für das Unternehmen.

b) Treffen die Risiken aus der Unternehmensumwelt auf Schwächen des Unternehmens, so ergeben sich auf Basis der SWOT-Analyse Gefahren für das Unternehmen.

c) Das McKinsey-Portfolio wie das BCG-Portfolio können als SWOT-Analysen interpretiert werden, in denen die Gelegenheiten und Gefahren aus der Umweltanalyse den identifizierten Stärken und Schwächen des Unternehmens für z.B. strategische Geschäftsfelder gegenübergestellt werden.

d) Die globale Umweltanalyse orientiert sich in aller Regel an den so genannten five forces von Porter.

e) Die Gesellschaftsdiagnose und -entwicklung der Postmoderne kann für die globale Umweltanalyse herangezogen werden – z.B. für die Beschreibung der politischen und gesellschaftlichen Umweltfaktoren.

f) Die aufgabenspezifische Umweltanalyse auf Basis von Überlegungen von Porter (five forces) umfasst beispielsweise Lieferanten (Verhandlungsstärke), Ersatzprodukte (Bedrohung durch Substitutionsgüter) und die Abnehmer (Verhandlungsstärke der Abnehmer).

g) Je geringer das Branchenwachstum, je höher die Überkapazitäten der Anbieter, je geringer die Produktunterschiede und je höher die Austrittsbarrieren, desto höher die Rivalität in der Branche.

h) Hängt für ein Unternehmen die Differenzierungsmöglichkeit eines Produktes von den Komponenten ab, die Lieferanten zuliefern, haben die Lieferanten unter sonst gleichen Bedingungen eine vergleichsweise hohe Lieferantenmacht. Das Mana-gement sollte dann versuchen, diese über einen vergleichsweise hohen vertikalen Integrationsgrad (z.B. Kooperations-/Rahmenvertrag) einzubinden.

i) Die Grundformel der Unternehmensstrategie von Gälweiler sieht das Unternehmenswachstum als Folge der Marktvolumensänderung und der Marktanteilsveränderung. Rechnerisch ergibt die multiplikative Verknüpfung beider Komponenten das Absatz- oder Umsatzwachstum.

j) Beträgt das Wachstum des Marktes 10% und steigt der Marktanteil von 10% auf 13%, so ergibt sich auf Basis der Grundformel der Unternehmensstrategie von Gälweiler ein Unternehmenswachstum von 43%.

Aufgabe 11:
Instrumente für die Unternehmensführung:

a) Je geringer der Sättigungsgrad, je höher die Preisdifferenzierungsmöglichkeiten, je höher das Marktwachstum und je höher das erwartete Preisniveau, desto attraktiver ist ein Markt. Durch andere Faktoren, z.B. hohe Rivalität, hohe Markteintrittsbarrieren und rechtliche Unsicherheiten, wird dagegen die Attraktivität eines Marktes verringert.

b) Die Konkurrentenanalyse und die Marktanalyse sind klassische Bereiche der Umweltanalyse, die vor dem Hintergrund der SWOT-Analyse aufzeigen sollen, in welchen Umweltbereichen Risiken und Chancen liegen.

c) Im Zuge der Unternehmensanalyse kann eine Managementanalyse unterbleiben, wenn im Sinne der Darwiportunismus-Matrix die Variante „Feudalismus" besteht.

d) Die Bedeutung der Managementanalyse gründet u.a. darauf, dass keine Komplementarität zwischen den Zielen von Eigentümern von Unternehmen und Führern von Unternehmen unterstellt werden kann.

e) Die Principal-Agent-Theorie geht davon aus, dass Prinzipal und Agent gleiche Ziele verfolgen, die aber aufgrund externer Umweltgegebenheiten oft nur selten zu erreichen sind.

f) Zieht man bei der Potenzialanalyse pro Kriterium als Vergleichsmaßstab stets den besten Konkurrenten heran, so vergleicht man sich insgesamt mit einem Kunst-konkurrenten, den es in der Realität nicht gibt. Portfoliotechnisch läuft dies bei der praktischen Konstruktion von McKinsey-Portfolios darauf hinaus, dass die zu po-sitionierenden strategischen Geschäftseinheiten horizontal nach links wandern.

g) Die Ergebnisse aus der Potenzialanalyse können für die horizontale Positionierung von Geschäftseinheiten im McKinsey-Portfolio herangezogen werden. Die Ergebnisse der Lebenszyklusanalyse zeigen dagegen die vertikale Position der strategischen Geschäftseinheiten im McKinsey-Portfolio.

h) Für die Stärken-Schwächen-Profilierung eines Unternehmens bzw. einer strategischen Geschäfteinheit ist es sinnvoll, die Kriterien Kosten- und Differenzierungsstärke zu einem Kriterium zusammenzufassen und dem stärksten Konkurrenten gegenüberzustellen.

i) Im Rahmen der Gap-Analyse liegt die gewünschte Entwicklung immer oberhalb der prognostizierten Entwicklung.

j) Operative Lücken sind durch Diversifikationen zu schließen.

Aufgabe 12:
Instrumente für die Unternehmensführung:

a) In der Produkt-Markt-Matrix von Ansoff ergibt sich die Marktentwicklung aus einer Kombination von alten Märkten und neuen Produkten.

b) Die Diversifikation ergibt sich in der Produkt-Markt-Matrix von Ansoff durch die Entwicklung neuer Produkte für neue Märkte. Dabei können vertikale, horizontale und diagonale Diversifikation unterschieden werden.

c) Produktentwicklung lässt sich in der Praxis häufig nicht derart „abschließen", dass nicht auch neue Märkte bzw. Kundensegmente erschlossen werden. Gleiches gilt für die Marktentwicklung, die häufig eine Anpassung der Produkte erfordert. Inso-fern liegt – unabhängig, ob Markt- oder Produktentwicklung anvisiert wurden – stets „ein Stück" Diversifikation vor.

d) Durch horizontale Diversifikation reduziert sich das wertkettenseitige Small Numbers Problem.

e) Durch diagonale Diversifikation – egal ob nach vorne oder nach hinten – reduziert sich das wertkettenseitige und das wertaktivitätenseitige Small Numbers Problem.

f) Die Ressourcen-Struktur-Matrix kann als internes Gegenstück der Produkt-Markt-Matrix von Ansoff aufgefasst werden. Zwischen beiden sollte ein so genannter „fit" bestehen.

g) Interne Diversifikation liegt vor, wenn sowohl die Strukturen eines Unternehmens als auch die Ressourcen verändert werden. Dies liegt z.B. bei einem Aufbau eines Joint Ventures in einem bislang noch nicht bearbeiteten Land vor, wenn das Joint Venture u.a. mit Mitarbeitern aus diesem Land betrieben wird.

h) Durch konglomerate Diversifikation nimmt das wertaktivitätenorientierte Small Numbers Problem zu.

i) Je geringer die strategische Lücke, desto eher sollte zur visionären Diversifikation übergegangen werden.

j) In der Produkt-Markt-Matrix nach Ansoff ist die Diversifikation diejenige Alternative, die erst nach der Marktdurchdringung, der Produktentwicklung und der Marktentwicklung gewählt werden sollte.

Aufgabe 13:
Instrumente für die Unternehmensführung:

a) Ein Nachteil des PIMS-Konzepts liegt in der Darstellung der Ergebnisse in so genannten Kreuztabellen, wenn die jeweiligen Quadranten nicht nachvollziehbar geschlossen werden.

b) Ein Vorteil des PIMS-Konzepts liegt in seinem hohen Potenzial für Benchmarking-Zwecke, insbesondere für Klein- und Mittelstandsunternehmen.

c) Der relative Marktanteil im PIMS-Konzept entspricht dem relativen Marktanteil für die Konstruktion von BCG-Portfolios.

d) Der so genannte V- oder U-Kurven-Effekt besagt, dass ein mittlerer vertikaler Integrationsgrad zum höchsten Return on Investment führt.

e) Die permanente Durchschnittsbildung im PIMS-Konzept ist ein Vorteil, weil dadurch Ausreißer vermieden werden bzw. nur mit geringem Gewicht in die Errechnung des ROI in den Kreuztabellen eingehen.

f) Das empirische Material aus PIMS und die theoretischen Überlegungen von Gälweiler (Grundformel der Unternehmensstrategie) ordnen dem (relativen) Marktanteil und dem Marktwachstum jeweils eine hohe strategische Bedeutung zu. Daraus ergeben sich argumentative Grundlagen für die Verwendung beider Größen als Grunddimensionen im Rahmen des BCG-Portfolios.

g) Die durch den Erfahrungskurveneffekt erreichbaren Kostendegressionen stellen lediglich ein Potenzial dar, das verschiedene Unternehmen unterschiedlich ausnutzen. Zeigt daher eine typische Erfahrungskurve einen so genannten Slope von 75 % (z.B. für Kunststoffprodukte), so kann die Stückkostendegression verschiedener Anbieter unterhalb oder oberhalb von 25% liegen.

h) Bei einem Slope von 80% und einem relativen Marktanteil von 0,5 für ein Unternehmen U, dessen bester Konkurrent K einen relativen Marktanteil von 2 aufweist, müssten die durchschnittlichen Stückkosten von K bei 16 Euro liegen, wenn sie bei U bei 20 Euro liegen.

i) Ein Knick in der Erfahrungskurve kann seine Ursachen in Technologieveränderungen (z.B. Verfahrensinnovationen) und/oder Nachfrageverschiebungen haben.

j) Die Entwicklung der Preise wird bei der Konstruktion von Erfahrungskurven nicht selten als Substitut für die Kostenentwicklung herangezogen. Vom so genannten Slope sind dann ca. 15- bis 25-prozentige Abschläge zu machen, um auf die durchschnittlichen Stückkosten zu kommen.

Aufgabe 14:
Instrumente für die Unternehmensführung:

a) Durch einen Preisschirm können Wettbewerber bzw. follower angelockt werden. Erfahrungskurveneffekte kann dann der first nutzen, um Preise abzusenken, die in der Branche zu Preiseinbrüchen führen, die insbesondere follower schaden.

b) Preisverfälle auf den Absatzmärkten können in der Regel durch den first aufgrund seiner Erfahrungskurveneffekte überkompensiert werden.

c) Der Umsatz erreicht in der Wachstumsphase von Produkten sein Maximum. Gleiches gilt für den Cash Flow.

d) Das Beispiel des amerikanischen Automobilherstellers Ford zeigt in den Jahren um 1906 bis 1926, durch welche Maßnahmen eine Erfahrungskurvenstrategie unterstützt werden kann. Es zeigt aber auch die Vor- und Nachteile einer exzessiven Verfolgung einer Erfahrungskurvensstrategie. Die Vorteile lagen für Ford im „Sieg im Kostenwettbewerb" und die Nachteile im Verlust der Marktführerschaft im Qualitäts- und Differenzierungswettbewerb.

e) Der Entwicklungszyklus ist dem Marktzyklus vorgelagert.

f) Die Verläufe des Marktzyklus stellen Gesetzmäßigkeiten dar, die in der Empirie nur selten widerlegt werden.

g) Die Marktzyklen von Produkten haben sich in den letzten Jahren stark verkürzt. Damit sinkt u.a. die Amortisationszeit für entwicklungs-, produktions- und vertriebsbedingte set-up-costs. Ein Vorteil kann sich für so genannte follower ergeben, weil sich für sie dadurch das so genannte Marktfenster im Vergleich zum first weit öffnet.

h) Umsatzstrukturanalysen zeigen u.a., in welchen Marktzyklusphasen von Produkten das Umsatzschwergewicht liegt. Liegt es in den einführenden und wachstumsträchtigen Phasen, dann kann das Unternehmen „mitwachsen". Im Hinblick auf die aufgebauten Kapazitäten ist aber weniger die Umsatzstruktur, sondern vielmehr die Wertschöpfungsstruktur dafür entscheidend, ob das Unternehmen wächst oder schrumpft.

i) Empirische Untersuchungen zeigen, dass die Fertigungsumfänge entlang der Phasen des Marktzyklus sinken, während die Fremdbezugsumfänge steigen.

j) Die Portfolio-Technik hat ihren Ursprung im finanzwirtschaftlichen Bereich (Wertpapiermanagement).

Aufgabe 15:
Instrumente für die Unternehmensführung:

a) Beim so genannten BCG-Portfolio handelt es sich um ein „offenes" Portfolio mit vier gleich große Quadranten, nämlich für dogs, question marks, stars und cash cows.

b) Bei der praktischen Erstellung eines BCG-Portfolios ist auf das Zeitzonenproblem zu achten. Danach reicht die Dimension Marktwachstum in die Zukunft, während der relative Marktanteil eine Frage der gegenwärtigen Marktverhältnisse unter den aktuellen Konkurrenten verdeutlichen soll.

c) Liegt eine strategische Geschäftseinheit im BCG-Portfolio eines Unternehmens U bei einem relativen Marktanteil von 1, so gibt es genau einen Konkurrenten, der den gleichen prozentualen Marktanteil hat, wie die strategische Geschäfteinheit des betrachteten Unternehmens U.

d) Hat ein Unternehmen U eine Geschäfteinheit in einem BCG-Portfolio (mit von links nach rechts ansteigendem relativen Marktanteil) links von einem relativen Marktanteil von 1, so kann es mehrere Konkurrenten geben, die mit ihrer Geschäfteinheit unter sonst gleichen Verhältnissen rechts von einem relativen Marktanteil von 1 liegen.

e) Für die relative Position von Geschäfteinheiten eines Unternehmens ist es unerheblich, ob das BCG-Portfolio auf der Abszisse anhand des prozentualen oder des relativen Marktanteils konstruiert wird.

f) Unterschiedliche Marktabgrenzungen können dazu führen, dass ein Konkurrent in seinem Portfolio eine strategische Geschäfteinheit als star ausweist, während dies auch im Portfolio des Konkurrenten für eine konkurrierende Geschäfteinheit der Fall ist. Bei gleicher Marktabgrenzung und gleicher Informationsbasis müsste einer der Konkurrenten seine Geschäfteinheit dagegen als question mark ausweisen.

g) Alle Konkurrenten in einer Branche können ihre rivalisierenden strategischen Geschäfteinheiten in der Patt-Position positioniert haben. Dies ist der Fall, wenn alle den gleichen prozentualen Marktanteil haben, z.B. jeweils 55 %.

h) Die Trennlinie für das Marktwachstum liegt bei der Konstruktion von BCG-Portfolios sinnvollerweise immer bei einem Marktwachstum von 10%.

i) Da es in der Praxis Sinn machen kann, mehrere horizontale und vertikale Trennlinien in ein BCG-Portfolio einzuzeichnen, kann es auch mehr als vier Quadranten geben.

j) Durch den relativen Marktanteil kommt die relative Kostenposition einer strategischen Geschäfteinheit zu Konkurrenten zum Ausdruck.

Aufgabe 16:
Instrumente für die Unternehmensführung:

a) Die Normstrategie für dogs lautet „desinvestieren"; für Fragezeichen empfiehlt sich dagegen eine Offensivstrategie.

b) Der Hauptunterschied zwischen BCG-Portfolio und McKinsey-Portfolio liegt darin, dass das BCG-Portfolio vier und das McKinsey-Portfolio neun Quadranten aufweist.

c) Die Positionierungen von strategischen Geschäfteinheiten eines Unternehmens können und werden sich zwischen BCG-Portfolio und McKinsey-Portfolio unterscheiden.

d) Die informatorische Abstützbasis bei der Erstellung eines McKinsey-Portfolios fällt SWOT-analytisch betrachtet fundierter als im Fall des BCG-Portfolios aus.

e) Ist ein operationalisierendes Kriterium für eine McKinsey-Dimension negativ zu interpretieren (z.B. Sättigungsgrad für Marktattraktivität), so ist vom so genannten Skaliertausch Gebrauch zu machen.

f) Der Relativvergleich auf der Abszisse des McKinsey-Portfolios korrespondiert mit dem in der Potenzialanalyse. Insofern kann bei der praktischen Konstruktion umstritten sein, ob dieser Relativvergleich auf einem Vergleich mit dem jeweils pro Kriterium besten oder über alle Kriterien hinweg durchschnittlich besten Konkurrenten vorangetrieben wird. Im ersten Fall vergleicht man sich mit einem „omnipotenten" Konkurrenten, den es nicht gibt (Kunstkonkurrent), weshalb alle strategischen Geschäfteinheiten einer Drift nach links im Portfolio unterliegen.

g) Der Trend zur Mitte bei der praktischen Konstruktion von Portfolios auf McKinsey-Basis tritt u.a. aufgrund von Durchschnittsbildungen auf.

h) Die Kriterien für die Operationalisierung der Grunddimensionen eines McKinsey-Portfolios sollten aus Gründen der Objektivierung und der Akzeptanz des Portfolios gewichtet werden.

i) So genannte Punktwolkeneffekte entstehen bei der praktischen Erstellung von Portfolios auf McKinsey-Basis, wenn die Grunddimensionen unabhängig voneinander sind. Dies ist beispielsweise typisch für Make-or-Buy- und Personal-Portfolios.

j) Die so genannte ADL-Matrix basiert auf einer Gegenüberstellung der Wettbewerbsposition und der Phasen des Lebens- bzw. Marktzyklus.

Aufgabe 17:
Instrumente für die Unternehmensführung:

a) Forschuns- und Entwicklungs-Portfolios sind im Sinne des Entwicklungtrichters für die Projektselektion anwendbar. Die zwei entsprechenden Grunddimensionen eines solchen Portfolios können Projektattraktivität und (relative) Ressourcenstärke sein. Diese (relative) Ressourcenstärke weist die gleichen operationalisierenden Kriterien auf, wie bei einem McKinsey-Portfolio.

b) Je höher die so genannte Prozess- und die Ergebnisunsicherheit, desto geringer die Attraktivität eines F&E-Projekts.

c) Beschaffungs-Portfolios greifen auf dem Gebiet von Make-or-Buy-Entscheidungen häufig auf die Grunddimensionen „strategische Relevanz" und „Auslagerbarrieren" zurück. Sie korrelieren in der Regel positiv, weshalb die im Portfolio zu positionierenden Make-or-Buy-Objekte in der Praxis in einer Punktwolke liegen, die von links unten nach rechts oben ansteigt.

d) Je höher die Spezifität, je höher die Quasi-Rente und desto eher sollte ein Make-or-Buy-Objekt selbst hergestellt bzw. mit einem vergleichsweise hohen vertikalen Integrationsgrad bereitgestellt werden.

e) Spitzenkräfte liegen im Leistungs-Potenzial-Portfolio bei hohem Potenzial und hoher Leistung. Für Unternehmen ist es günstig, wenn es – im Vergleich zu „Arbeitstieren" – möglichst viele Spitzenkräfte aufweist.

f) Die Produktpositionierung im Rahmen der (Produkt-) Programmanalyse weist die gleichen Normstrategien für Produkte auf wie das McKinsey- oder das BCG-Portfolio.

g) Mit Produktpositionierungen kann sich das Management auf die Suche nach Marktlücken machen, um dort neue Produkte zu positionieren.

h) Auch Erfolgsstrukturanalysen können ABC-analytisch erstellt werden. Die Einteilung der Produkte erfolgt dann in Anlehnung an deren Erfolgsbeiträge; dies können beispielsweise Deckungsbeiträge sein.

i) Primäre Wertaktivitäten unterstützen die sekundären Wertaktivitäten. Primäre Wertaktivitäten sind z.B. Logistik, Vertrieb, Planung.

j) Wertkettenlandkarten geben einen Überblick über Wertkettenstrategien von Unternehmen. Dazu gehören beispielsweise vertikale, horizontale und diagonale Integrations- und Disintegrationsstrategien. Durch Übergang von Buy zu Make erhöht sich zum Beispiel der vertikale Integrationsgrad.

Aufgabe 18:
Instrumente für die Unternehmensführung:

a) Entlang der Stufen von Lieferantenpyramiden sind in der Praxis der Automobilindustrie unterschiedliche Quasi-Integrationsgrade der Lieferanten beobachtbar. So genannte Direktzulieferer werden dabei mit einem höheren Quasi-Integrationsgrad eingebunden als so genannte Drittzulieferer bzw. Garagenbetriebe.

b) Ausgehend von der Eigenfertigung über Kooperations- und Rahmenverträge bis zu kurzfristigen Verträgen steigt die vertikale Quasi-Integration zwischen den Polen „Hierarchie" und „Markt".

c) Die Wertschöpfung eines Unternehmens errechnet sich wie folgt: Umsatz + Vorleistungen – Gewinn.

d) Ist der Eigenerstellungsanteil an Komponenten, deren Wertschöpfungsanteile an einem Endprodukt steigen, gering, so partizipiert das herstellende Unternehmen von diesem Wachstum in geringerer Weise als bei Komponenten, bei denen es einen höheren Eigenerstellungsanteil hat.

e) Der Wandel von Wertschöpfungsstrukturen kann zur Verringerung der Kapazitätsauslastung und damit zu Personalfreisetzungen führen.

f) Wertschöpfungsstrukturtreppen zeigen, wie sich Veränderungen von Wertschöpfungsstrukturen in der Wertkette fortpflanzen.

g) Wird eine Ergebniskennlinie für Produkte eines Unternehmens skizziert, die nur eine positive Rendite aufweisen, so fallen Sattelpunkt und Ergebnissaldo zusammen. Dies ist auch dann der Fall, wenn alle Produkte eine negative Rendite, oder alle Produkte die gleiche Rendite haben.

h) Die Ergebniskennlinie verläuft auf der Nulllinie bzw. auf der Abszisse, wenn die Rendite aller Produkte 0 ist. Ergebnissaldo und Sattelpunkt liegen dann auch auf der Abszisse.

i) Zeichnet man die Ergebniskennlinie in umgekehrter Reihenfolge, beginnt man die Skizze also mit dem schlechtesten Produkt, so wird der Sattelpunkt später erreicht als der Ergebnissaldo, wenn die Produkte sowohl negative als auch positive Renditen aufweisen.

j) Die Normstrategien, die aus einer Ergebniskennlinie ableitbar sind, können sich in einer konfliktären Beziehung zu den Normstrategien befinden, die aus einem McKinsey-, einem BCG-Portfolio oder aus Überlegungen des Lebenszyklusmodells abgeleitet werden.

Aufgabe 19:
Instrumente für die Unternehmensführung:

a) Wenn ein Conjoint-Design auf drei Merkmalen mit jeweils drei Merkmalsausprägungen aufbaut, dann lassen sich damit im Volldesign 27 Stimuli generieren. Kommen noch zwei Merkmale mit jeweils zwei Merkmalsausprägungen dazu, dann ergeben sich im Volldesign schon 54 Stimuli.

b) Verläuft die Teilpräferenzfunktion für ein Merkmal sehr steil, dann ist dies ein Hinweis für eine hohe Differenzierungsrelevanz dieses Merkmals. Der Nutzenbereich und damit der Nutzenanteil dieses Merkmals wird im Vergleich zu anderen Merkmalen mit geringeren Steigungen der Teilpräferenzfunktionen einen geringeren Nutzenbereich und damit einen geringeren Nutzenanteil haben.

c) Spannt sich die Teilpräferenzfunktion über drei Merkmalsausprägungen eines Merkmals durch ein umgekehrtes V auf, dann ist die beste Merkmalsausprägung bei diesem Merkmal ablesbar, auch wenn es noch mehr Merkmalsausprägungen für dieses Merkmal gäbe.

d) Spannt sich die Teilpräferenzfunktion über drei Merkmalsausprägungen eines Merkmals durch ein V auf, dann handelt es sich bei der Merkmalsausprägung mit dem niedrigsten Teilnutzenwert um die schlechteste Merkmalsausprägung, wenn es grundsätzlich nur diese drei Merkmalsausprägungen bei diesem Merkmal gibt.

e) Die Nutzenanteile bei einem Merkmal können herangezogen werden, um im Target Costing die Relevanz für die Ends zu bestimmen.

f) Bei der Ermittlung des reduzierten Designs sollte darauf geachtet werden, dass das Volldesign durch das reduzierte Design gut repräsentiert wird und die einzelnen Merkmalsausprägungen möglichst gleich häufig mit negativ und positiv voreingestellten Merkmalsausprägungen verbunden werden. Hierbei sollte das Vorwissen des „Stimulidesigners" nicht in das Design der Stimulis eingehen, um Manipulationsversuche den Boden zu entziehen.

g) Soll der Teilnutzenwert einer Merkmalsausprägung designtechnisch nach unten gedrückt werden, kann dies durch die Verknüpfung dieser Merkmalsausprägung mit negativ voreingestellten anderen Merkmalsausprägungen geschehen.

h) Die Merkmalsausprägungen sollten möglichs deutlich, klar bzw. verständlich für die Probanden zum Ausdruck gebracht werden. Dies ist in der Regel durch eine endsorientierte Bestimmung der Merkmale möglich.

i) Die Anzahl der Stimuli im reduzierten Design ist geringer als im Volldesign.

j) Bei der „poor-man-Methode" liegen die Teilnutzenwerte zwischen 0 und 1.

Aufgabe 20:
Instrumente für die Unternehmensführung:

a) Die Produktfunktionen bzw. Kaufkriterien im Target Costing sind im Sinne des Means-End-Konzepts als Ends zu interpretieren; die Produktkomponenten dagegen als Means.

b) Harte Faktoren sind endsnah, weiche Faktoren sind meansnah.

c) Beim so genannten Punktbewertungsverfahren werden über gewichtete Ends die Means bewertet. Daraus ergibt sich ein so genannter wahrgenommener Wert. Über ihn ist beispielsweise mit proportionaler Preisbildung eine Bepreisung von Prototypen möglich. Dieses Vorgehen kann herangezogen werden, um die Zielpreise von Pordukten für das Target Costing zu bestimmen.

d) Die Target Costs eines Produkts haben in der Regel das Kostenniveau der so genannten Selbstkosten aus der Zuschlagskalkulation.

e) Bei den „Drifting Costs" handelt es sich um die Ist-Kosten für ein Produkt. Die „Allowable Costs" ergeben sich aus der Durchrechnung der Funktionskostenmatrix 1.

f) Für die Errechnung der Zielkostenindices sind die Ist-Kosten sowie die sich aus der Funktionskostenmatrix 2 ableitbaren Soll-Kostenverteilungen heranzuziehen, anhand derer in Verbindung mit den Target Costs die absoluten Soll-Kosten für die einzelnen Means errechnet werden können.

g) Je höher der Kostenwettbewerb, desto enger sollte der Zielkorridor im Zielkostenkontrolldiagramm ausfallen. Die hierbei zu berücksichtigende Größe „q" für die Berechnung der unteren und oberen Begrenzungslinien des Korridors sollte dafür möglichst groß gewählt werden.

h) Negativ zu exponierende Produktkomponenten, also Means, deren Ist-Kosten die Soll-Kosten überschießen, liegen außerhalb des Zielkorridors.

i) Insbesondere diejenigen Komponenten, deren Ist-Kosten die Soll-Kosten überschießen – und welche das sind, zeigt das Zielkostenkontrolldiagramm und nicht schon die Funktionskostenmatrix 1 – sind von der „Kostengestaltung" betroffen. Variantenmanagement, Teile-Mehrfachverwendung und Materialwechsel können hierfür geeignete Maßnahmen sein. Dabei ist es von Vorteil, wenn eine segmentierte und objektbezogene Organisationsstruktur besteht. Insofern begünstigt eine funktional orientierte Organisationsstruktur die praktische Anwendung des Target Costing nicht.

j)   Im Vergleich zum Quality Function Deployment ist das Target Costing für die Anwendung im Kosten- und Qualitätswettbewerb besser geeignet.

Aufgabe 21:
Instrumente für die Unternehmensführung:

a)   Im Vergleich zum Target Costing werden im Quality Function Deployment mehr Informationskategorien verarbeitet. Dazu gehören beispielsweise die technischen und marktlichen Wettbewerbsvergleiche, die in der Regel auf Kundenbefragungen basieren.

b)   Im Vergleich zum Quality Function Deployment (QFD) und dem Target Costing sind mit dem Success Resource Deployment (SRD) zukunftsorientierte Budgets für betriebliche Abteilungen ermittelbar. Hierfür sind die so genannten Kann-Einflussintensitäten heranzuziehen.

c)   Die Ermittlung von Zukunftsgewichten für Ends ist eine Erweiterung des SRD im Vergleich zum QFD. Außerdem konzentriert sich das SRD im Vergleich zum QFD nicht nur auf Produkte und Dienstleistungen, sondern vor allem auf ganze Unternehmen, betriebliche Funktionen und Divisions. Das unternehmensstrategische Anwendungspotenzial und die Anwendungspluralität des SRD liegt höher als beim QFD.

d)   Die Beziehungsmatrix im Sinne der Funktionskostenmatrix 1 ist im SRD umfassender – bzw. weist mehr Informationskategorien auf – als im Target Costing oder im QFD.

e)   Aus Sicht des Means-End-Konzepts handelt es sich bei den Ressourcen im SRD um Ends und bei den Erfolgsfaktoren um Means.

f)   SRD-Projekte in der Praxis zeigen, dass sich im Vergleich zu den Grundnutzenfaktoren vor allem bei so genannten Zusatznutzenfaktoren (in Anlehnung an Ausführungen von Vershofen) Steigerungen der Gewichte ergeben. Je höher insgesamt die positive Differenz zwischen den Zukunfts- und Ist-Gewichten, desto höher sind zukünftig die Anforderungen der Kunden an das SRD-Objekt und desto größer die Anspannung, die auf dem jeweiligen Management lastet.

g)   Die relevante und vom Management mobilisierbare Potenzialreserve eines Erfolgsfaktors ergibt sich über die Multiplikation des Ist-Gewichts dieses Ends mit den über die Ressourcen (also waagerecht in der SRD-orientierten Funktionskostenmatrix) addierten absoluten Potenzialreserven. Diese sind wiederum als Differenz zwischen Kann- und Ist-Einflussintensitäten der Ressourcen auf den Erfolgsfaktor zu ermitteln.

h)   Im Vergleich zur theoretischen Potenzialreserve beim QFD sind die Potenzialreserven beim SRD höher.

i)   So genannte chaotische Verantwortung liegt vor, wenn im Relevanz-Verantwortungs-Portfolio Verantwortlichkeit und die aktuelle Relevanz negativ korrelieren.

j)   Liegt der Schwerpunkt der Erfolgsfaktoren im Stärken/Schwächen-Potenzialreserven-Portfolio im Feld hoher relevanter Schwäche und bei geringer relevanter Potenzialreserve, dann besteht eine so genannte „poor and busy man position".

Aufgabe 22:
Instrumente für die Unternehmensführung:

a)   Elemente, die im Zuge der Netzwerkanalyse bei der Einflussgrößenmatrix überdurchschnittlich hohe Beeinflussungen und unterdurchschnittliche Einflussnahmen aufweisen, werden im Einflussgrößen-Portfolio als passive Elemente ausgewiesen.

b)   Bei Elementen mit überdurchschnittlicher Beeinflussung und überdurchschnittlicher Einflussnahme handelt es sich um kritische Elemente.

c)   Die SRD-Aktionsmatrix weist sowohl auf der Seite der Ressourcen als auch auf der Seite der Erfolgsfaktoren eine Priorisierung auf. Damit lassen sich für das Management in Verbindung mit den Potenzialreserven Such- und Aktionsfelder bestimmen, um u.a. Maßnahmen für die Geschäftsvitalisierung abzuleiten.

d)   Maßnahmen, die in der Aktionsmatrix aus den „Schwächen-Zellen" abgeleitet wurden, lassen sich zur „Überholstrategie" bündeln; Maßnahmen, die aus „Stärken-Zellen" abgeleitet wurden, lassen sich zu einer „Vitalisierungsstrategie" bündeln.

e)   Den so genannten Ressourcenausschöpfungsgrad für ein Unternehmen oder eine Division, die mit SRD analysiert wurde, kann man durch die Differenzenoder durch die Quotientenmethode ermitteln.

f)   Beim Benchmarking ist stets darauf zu achten, dass ein Vergleich mit der „world best practice" erreicht wird.

g)   Bei der Anwendung des Benchmarking kann es – gewollt oder ungewohllt – dazu kommen, dass Fremdzwang in Selbstzwang umgewandelt wird.

h)   Die Hierarchisierung der Benchmarking-Objekte kann beispielsweise nach Objekten oder Funktionen erfolgen.

i)   Die Priorisierung der Benchmarking-Inhalte kann über das so genannte AMBA-Portfolio erfolgen. Dort werden die Aktionsmöglichkeiten den Benchmarking-Abständen gegenübergestellt. Das AMBA-Portfolio eignet sich auch für die Benchmarking-Kontrolle.

j)   Auch mit einem SRD und der Portfolio-Methode erfolgt ein Benchmarking. Allerdings unterbleibt dabei meist das für das Benchmarking charakteristische „Lernen von den besten bzw. von besseren Vorbildern".

Aufgabe 23:
Instrumente für die Unternehmensführung:

a) Die Balanced Scorecard soll es dem Management u.a. ermöglichen, Abweichungen von den formulierten Strategien und Zielen möglichst frühzeitig zu erkennen.

b) Die Balanced Scorecard soll vor allem dazu dienen, den häufig beklagten Mangel der Strategieumsetzung zu lindern. Dafür baut sie vor allem auch auf der Portfolio-Methode in Kombination mit dem SRD auf.

c) Typisch für die Balanced Scorecard sind die vier Dimensionen Finanzen, Kunden/Markt, (interne) Prozesse und Lernen/Entwicklung (Personal). Dabei hat die finanzielle Perspektive für das Management in der Regel die höchste Priorität.

d) SWOT-analytisch und anhand der five forces von Porter kann man den typischen Dimensionen der Balanced Scorecard eine Perspektivenverengung zum Vorwurf machen. Durch die Aufnahme weiterer Perspektiven in die Balanced Scorecard ist dieser Vorwurf entkräftbar.

e) Bei der finanziellen Perspektive der Balanced Scorecard geht es vor allem um die Frage, welche finanziellen Ziele zu erreichen sind, um die Erwartungen der Kapitalgeber zu erfüllen.

f) Bei der Kunden-/Marktperspektive geht es vor allem um die Frage, welche Ziele im Hinblick auf die Prozesse des Unternehmens erfüllt werden müssen, um die Distributionsfunktion für die Abnehmer besser zu erfüllen.

g) Ursache-Wirkungsketten tragen im Rahmen der Balanced Scorecard u.a. dazu bei, die Abhängigkeiten zwischen den nicht unmittelbar monetären Bereichen und der finanziellen Ebene zu verdeutlichen.

h) Die Ursache-Wirkungsketten können auch für Frühwarnzwecke genutzt werden.

i) Als Mess- und Steuerungsgrößen in einer Balanced Scorecard können Informationen aus QFD-, SRD- und/oder aus Conjoint-Projekten zum Einsatz kommen.

j) Ein Vorteil von Ursache-Wirkungsketten, die für Zwecke einer Balanced Scorecard aufgestellt wurden, liegt darin, dass die Beziehung zwischen Ursache und Wirkung eindeutig beschrieben werden können.

Aufgabe 24:
Instrumente für die Unternehmensführung:

a) Das McKinsey-Portfolio ist – vor dem Hintergrund der vertikalen und horizontalen Linie eines Businessplans im Zusammenspiel mit der so genannten Instrumentenlandkarte betrachtet – „mächtiger" als das BCG-Portfolio.

b) Ein so genanntes Eckdatenblatt als Komponente eines Businessplans enthält in einer tabellarischen Auflistung die Zieldimensionen. Das Eckdatenblatt sollte in einem Businessplan nicht im letzten Drittel, sondern eher am Anfang positioniert werden.

c) Idealtypischerweise ist ein Eckdatenblatt als Komponente eines Businessplans entlang der Zieldimension „Inhalt" so angeordnet, dass den outputorientierten Zie-len die inputorientierten Ziele, dann die saldoorientierten Ziele und schließlich ver-schiedene Kennzahlen folgen.

d) Die Gap-Analyse stellt die grafische Darstellung der Zieldimensionen dar. Auf der Abszisse werden dabei die Zielinhalte, auf der Ordinate der Zeitbezug abgetragen.

e) Die Spitzenkennzahl „Gewinn vor Steuern" gehört zu den typischen outputorientierten Zielinhalten, die sich in einem Eckdatenblatt eines Businessplans immer „ganz oben" befindet.

f) Leistungs- und Führungsstärke kommt dadurch zum Ausdruck, dass die Zielformulierung eher global und unbestimmt bleibt.

g) Eine eher globale und unbestimmte Zielformulierung liegt auch im Interesse einer sinnvollen Anwendung der Balanced Scorecard, um den Beteiligten und Betroffenen im Zuge der Strategieumsetzung möglichst hohe Freiheitsspielräume zu bieten.

h) „World-best-practice" ist der Anspruch des kosmopolitischen Managements. Auch hierdurch kommt der Hang zur „Greatness" zum Ausdruck.

i) Das so genannte Power Pricing steht im Mittelpunkt des Quality Function Deployment.

j) Die Gewichte der Kaufkriterien beim Quality Function Deployment könnten (theoretisch) mit der Conjoint-Analyse erhoben werden. Allerdings stehen einer solchen Vorgehensweise praktische Probleme entgegen. Eines dieser Probleme besteht darin, dass die Anzahl der Kriterien sehr hoch ist, was in der Conjoint-Praxis zu langen Merkmalsausprägungskombinationen führen würde.

2. Lösungen

	a	b	c	d	e	f	g	h	i	j
A1:	f	f	r	f	r	f	r	r	f	f
A2:	f	r	r	r	f	r	f	r	f	r
A3:	r	f	f	r	r	r	r	r	f	r
A4:	f	r	r	f	r	f	f	r	r	r
A5:	f	r	f	r	r	r	f	f	r	f
A6:	f	f	f	f	r	r	r	r	r	r
A7:	r	r	f	f	f	r	r	r	r	f
A8:	f	r	r	f	r	r	r	f	r	f
A9:	r	r	r	f	f	f	r	f	r	r
A10:	f	f	r	f	r	r	r	r	r	r
A11:	r	f	f	r	f	r	f	f	f	f
A12:	f	r	r	r	r	r	r	f	f	r
A13:	r	f	f	f	f	r	r	r	r	f
A14:	r	f	f	r	r	f	f	r	r	r
A15:	f	f	f	f	f	r	f	f	r	r
A16:	r	f	r	r	r	r	r	f	f	r
A17:	f	r	r	r	f	f	r	r	f	r
A18:	r	f	f	r	r	r	r	r	f	r
A19:	f	f	f	r	r	f	r	f	r	r
A20:	r	f	r	f	f	r	f	f	r	f
A21:	r	r	r	r	f	r	r	f	r	r
A22:	r	r	r	f	r	f	r	r	r	r
A23:	r	f	r	r	r	f	r	r	r	f
A24:	r	r	r	f	f	f	f	r	f	r

Kapitel II

1. Case Studies

In diesem zweiten Kapitel finden sich zehn Case Studies. In Gliederungspunkt 2 (ab Seite 44) sind in Kurzform die jeweiligen Lösungen hinterlegt.

Zunächst werden in diesem Teil sowohl kürzere als auch umfangreichere Fallstudien zur Unternehmensführung geboten. Obwohl sich jeder Fall auf die so genannte AMI GmbH (Allgäuer Mobilitäts- und Innovations-Gesellschaft) bzw. die dortige Geschäftsführerin, Frau Julia, bezieht, sind die Aufgaben unabhängig voneinander bearbeitbar.

Aufgabe 1:

Unten ist ein so genanntes Make-or-Buy-Portfolio für die AMI-GmbH skizziert. Darin sind alle Teile, Baugruppen und Systeme positioniert, die für die Erstellung des Produktes A der AMI-GmbH nötig sind. Außerdem sehen Sie die Ergebniskennlinie der AMI-GmbH.

Frau Julia, die Geschäftsführerin der AMI-GmbH, stellt Ihnen, LeiterIn des Stabs „Führung", in der Geschäftsführungssitzung folgende Fragen, die Sie möglichst fundiert beantworten sollen:

a) Halten Sie das erstellte MoB-Portfolio für plausibel?

b) Wenn wir Produkt C vom Markt nehmen und stattdessen ein Produkt X mit einem Umsatz von 50 Mio Euro bei einem Ergebnis von -5 Mio Euro aufnehmen, welche Konsequenzen hätten wir dann für den Sattelpunkt und den Ergebnissaldo zu erwarten?

c) Bei Herausnahme von Produkt D aus dem Markt hätten wir welche Konsequenzen für das so genannte Small Numbers Problem zu erwarten? Wie würden sich außerdem substitutive Beziehungen zwischen Produkt C und Produkt D bzw. komplementäre Beziehungen zwischen Produkt C und Produkt D auf diese „Bereinigungsstrategie" auswirken?

d) Wenn wir bei den gegebenen Daten unterstellen, das Portfolio wäre plausibel und richtig und die jeweiligen Objekte würden so bereitgestellt, wie es der Portfolio-Position entspräche, dann hätten wir bei Aufgabe von Produkt A kaum mit Wertschöpfungs-/Beschäftigungsverlusten zu rechnen.

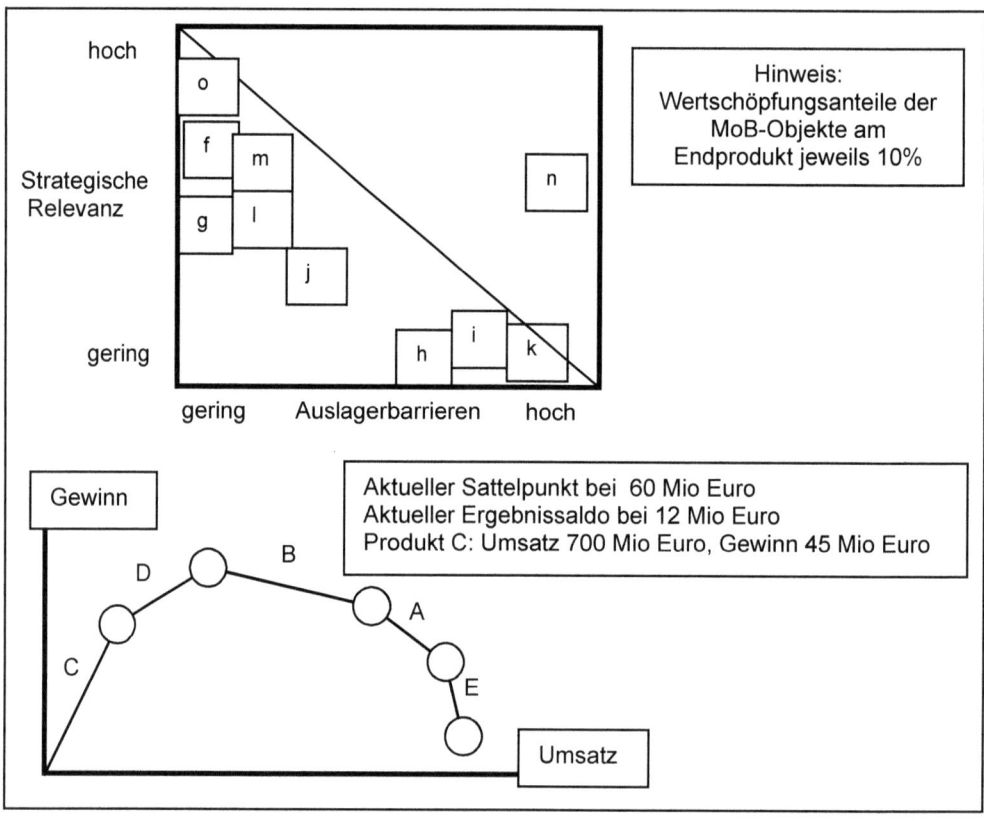

Aufgabe 2:

Die Tabellen sowie das RMA-Wertschöpfungs-Portfolio zeigen Daten bzw. Informationsfragmente über die AMI GmbH. Bearbeiten Sie folgende Aufgaben bzw. beurteilen Sie folgende Aussagen von Frau Julia, der Geschäftsführerin der AMI GmbH (Hinweis: durchschnittlich eingesetztes bzw. investiertes Kapital = 2 Mio Euro):

a)   Skizzieren Sie die originäre Ergebniskennlinie für die AMI GmbH auf Basis des DB II. Ermitteln Sie Sattelpunkt und Ergebnissaldo.

b)   Bei Unternehmensfixkosten in Höhe von 100.000 Euro ist der ROI unseres Unternehmens niedriger als die Umsatzrendite (Basis: Gewinn vor Steuern).

c) Durch eine vertikale Rückwärtsintegration bei Produkt A würden sich die Produktfixkosten erhöhen. Gleiches gilt für die variablen Kosten. Im Portfolio würde A außerdem nach oben wandern.

d) Bei gleicher Marktabgrenzung hätte der stärkste Konkurrent unseres Produktes E in seinem BCG-Portfolio sein Produkt bzw. Geschäftsfeld bei einem RMA von ca. 0,5 positioniert. Der stärkste Konkurrent unseres Produktes B hätte (bei gleicher Marktabrenzung) sein Produkt bzw. Geschäftsfeld dagegen bei einem RMA positioniert, der auf jeden Fall größer als 1 ist.

e) Wie wir sehen, ist der prozentuale Marktanteil von D auf jeden Fall höher als der von C.

f) Bei Bereinigung bzw. Aufgabe von Produkt D würden sich hohe Beschäftigungsverluste bzw. Personalfreisetzungen für die AMI GmbH ergeben. Das Gegenteil wäre bei Produkt A der Fall.

Tabelle 1: Daten über die AMI GmbH

Produkt	Umsatz*)	DB II**)
A	100.000	30.000
B	200.000	10.000
C	200.000	60.000
D	300.000	10.000
E	100.000	40.000
F	100.000	70.000

*) in Euro **) in Euro

Tabelle 2: Vereinfachter Ergebnisaufbau

Umsatz
- variable Kosten
DB I
- Produktfixkosten
DB II
- Unternehmensfixkosten
Gewinn vor Steuern

RMA-Wertschöpfungs-
portfolio

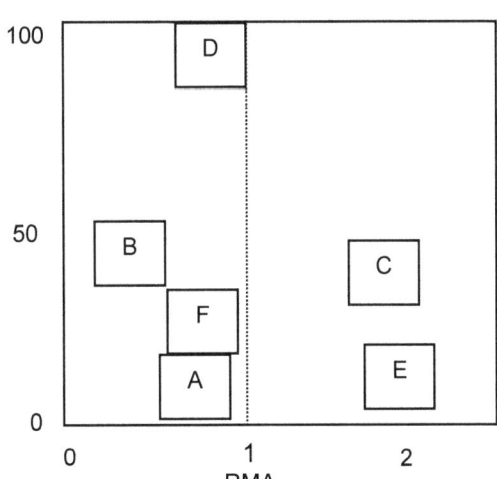

Aufgabe 3:

In den Tabellen 1 und 2 sind Daten bzw. Informationsfragmente über die AMI GmbH sowie über Konkurrenten der AMI GmbH gegeben. Bearbeiten Sie folgende Aufgaben bzw. beurteilen Sie folgende Aussagen von Frau Julia, der Geschäftsführerin der AMI GmbH:

a)   Skizzieren Sie die originäre Ergebniskennlinie für die AMI GmbH. Ermitteln Sie den Sattelpunkt und den Ergebnissaldo.

b)   Skizzieren Sie ein vereinfachtes BCG-Portfolio für die AMI GmbH, wobei Sie bei Produkt A ein Marktwachstum von 4%, bei B eines von 10%, bei C eines von 2%, bei D eines von 2% und bei E eines von 6% unterstellen können.

c)   Der Gewinn von K1 wird in Anlehnung an das Erfahrungskurvenkonzept bei den Produkten A und C höher als bei uns sein.

d)   Wenn wir bei Produkt C unterstellen, dass K1 eine sehr viel weitere Marktab-grenzung vorgenommen hat als wir und die 150.000 Euro Umsatz, die in Tabelle 2 ausgewiesen sind, sich nur auf unseren relevanten Markt beziehen, dann ist dies für die Abschätzung der Erfahrungskurvenvor- bzw. -nachteile irrelevant, d.h., wir haben gegenüber K1 Erfahrungskurvenvorteile.

e)   Es macht wenig Sinn, anhand der in den Tabellen 1 und 2 gegebenen Daten ein BCG-Portfolio zu erstellen. Erläutern Sie mir dazu drei Gründe.

Tabelle 1: Daten über die AMI GmbH

Produkt	Umsatz*)	Gewinn**)
A	100.000	10.000
B	200.000	-20.000
C	300.000	60.000
D	200.000	20.000
E	100.000	-25.000

*) Euro; Umsatz als Absatzsubstitut
**) Euro, vor Steuern

Tabelle 2: Daten über die stärksten Konkurrenten

Stärkster Konkur-rent	Umsatz S.K.*)	Relativer Markt-anteil
A: K1	200.000	?
B: K3	400.000	?
C: K1	150.000	?
D: K4	?	0,5
E: K1	300.000	2

*) S.K. = stärkster Konkurrent

Lesehilfe:
Bei Produkt A ist K1 stärkster Konkurrent, bei Produkt B ist es K3 usw.; bei D und C ist AMI der stärkste Wettbewerber

Aufgabe 4:

Unten sind die Ergebniskennlinie für die SGEs der AMI GmbH sowie ihre Wertschöpfungsquoten einschließlich der Lebenszykluspositionen gegeben. Bearbeiten Sie folgende Aufgaben bzw. beurteilen Sie die folgenden Aussagen von Frau Julia, der Geschäftsführerin der AMI GmbH:

a) Erstellen Sie für die unten dargestellte Ergebniskennlinie ein so genanntes Ausgangstableau einschließlich Rendite und Reihenfolge der SGEs. Wie hoch sind bei Ihrem Vorschlag Sattelpunkt und Ergebnissaldo?

b) Bei Anwendung der Normstrategien auf Basis der Ergebniskennlinie verlieren wir überduchschnittlich viel Wertschöpfung und werden daher auch enorme Beschäftigungsverluste haben.

c) In den SGEs D und C sollten wir vertikale Integrationsstrategien realisieren.

d) Die Ergebniskennlinie auf der Basis des einfachen Deckungsbeitrags würde unterhalb der in der Abbildung skizzierten Ergebniskennlinie verlaufen.

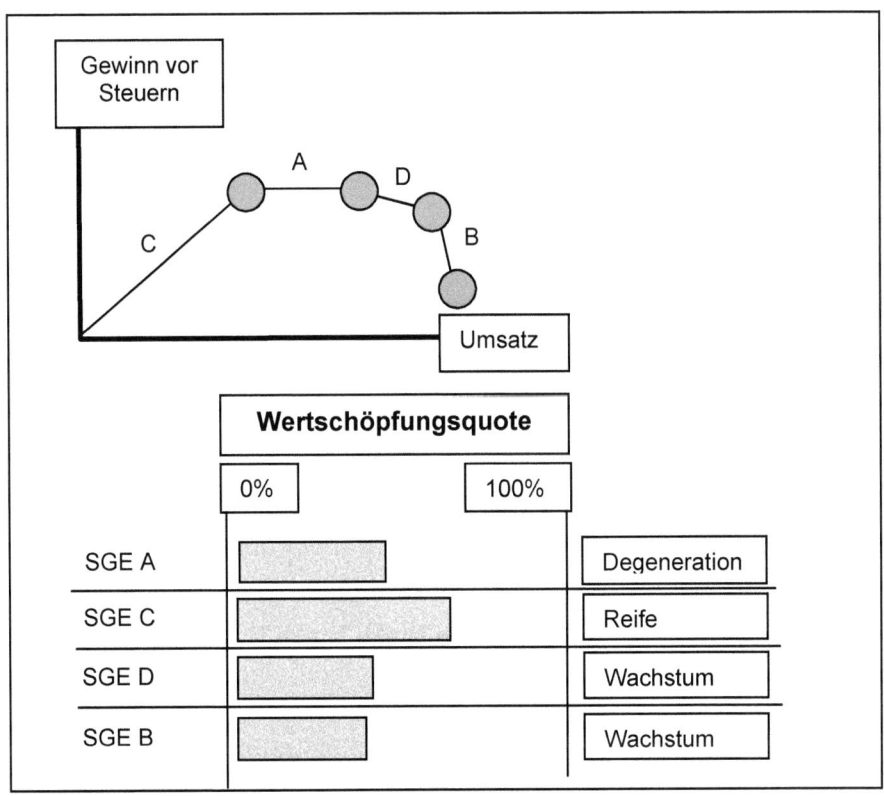

Aufgabe 5:

In der Tabelle und der Grafik (nächste Seite) sind Daten bzw. Informationsfragmente für die SGEs A, B, C, D und E der AMI GmbH sowie über ihre Konkurrenten aus dem Jahr 2015 gegeben. Außerdem ist das bruchstückhafte BCG-Portfolio für die AMI-GmbH skizziert. Bearbeiten Sie die Aufgaben bzw. beurteilen Sie die Aussagen von Frau Julia, der Geschäftsführerin der AMI GmbH (unabhängig vom so genannten Zeit-zonenproblem und – bis auf e) – unabhängig vom Marktabgrenzungsproblem):

a) Ermitteln Sie bitte die in Tabelle 1 fehlenden RMAs.
b) Skizzieren Sie für K1 das BCG-Portfolio mit den SGEs A, C und E.
c) Wenn die durchschnittlichen Stückkosten von K4 bei D bei 10 Euro liegen, wo liegen dann in Anlehnung an das Erfahrungskurvenkonzept die durchschnittli-chen Stückkosten der AMI GmbH, wenn eine Degression von 25% besteht – und wie hoch ist dann der so genannte slope?
d) Ermitteln Sie auf Basis des Ergebniskennlinienkonzptes den Sattelpunkt und den Ergebnissaldo für die AMI-GmbH, wenn die Umsatzrendite der SGEs B, C und D bei 0%, diejenige von A bei 15% und der Gewinn von E bei 20.000 Euro liegt. Wie hoch ist die gesamte Umsatzrendite der AMI-GmbH?
e) Wie sollte die Marktabgrenzung vorgenommen werden, um die SGEs C und B im Portfolio nach rechts und die SGEs A und D nach links zu schieben?
f) Zeigen Sie, dass die SGEs C und B der AMI-GmbH nicht notwendigerweise den gleichen prozentualen Marktanteil haben müssen.

Tabelle 1: Daten über die stärksten Konkurrenten

Stärkster Konkur-rent	Umsatz S.K.*)	RMA S.K.*)	Lesehilfe:
A: K1	200.000	?	Bei Produkt A ist K1 stärkster Konkurrent mit einem Umsatz von 200.000 €, bei Produkt B ist es K3 mit einem Umsatz von 400.000 € usw. Bei B und C ist die AMI-GmbH zweitstärkster in der Branche (nach K3 bzw. K1).
B: K3	400.000	?	
C: K1	200.000	?	
D: K4	200.000	?	
E: K1	300.000	?	

*) Umsatz in Euro (als Mengensubstitut) bzw. RMA des
   stärksten Konkurrenten

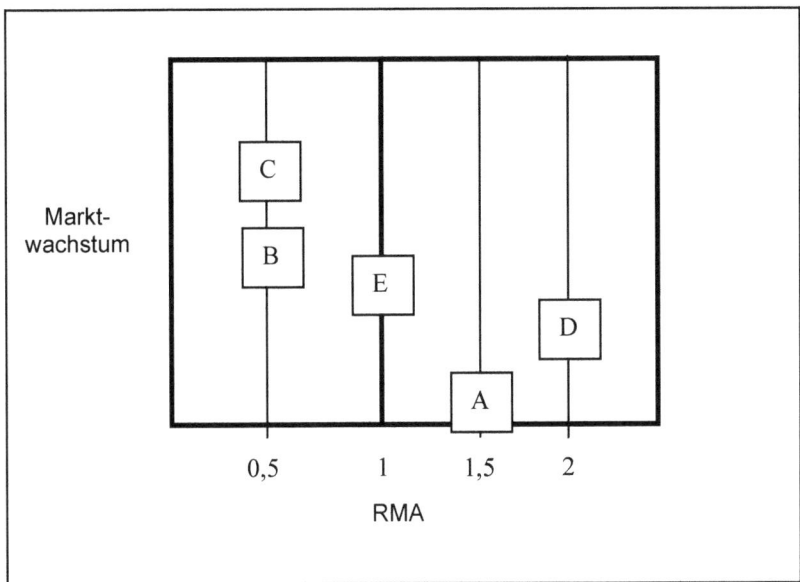

Aufgabe 6:

Unten sind die Ergebniskennlinie für die acht Produkte der AMI GmbH sowie ein Lebenszyklus-ROI-Portfolio für fünf der acht Geschäftsfelder skizziert. Bearbeiten Sie folgende Aufgaben bzw. beurteilen Sie folgende Aussagen von Frau Julia, der Geschäftsführerin der AMI GmbH:

a) Unter der Annahme, dass die Ergebniskennlinie richtig ist, sind die Produkte C und D im Portfolio falsch positioniert.

b) Die Produkte A und B liegen rechts vom Sattelpunkt.

c) Bei Herausnahme von Produkt A reduziert sich der Ergebnissaldo.

d) AMI wird demnächst von einer vertikalen Vorwärtsintegrationsstrategie Gebrauch machen. Unter der Annahme, dass sich dabei der absolute Gewinn nicht verändert, werden sich auch die Komponenten des ROI und folglich auch der ROI selbst nicht verändern.

e) Bei den Produkten E, B und A sollten wir von einer vertikalen Rückwärtsintegrationsstrategie Gebrauch machen.

f) Glaubt man der Ergebniskennlinie, dann gibt es kein Produkt mit negativer Rendite.

g) Durch Erhöhung des Kapitalumschlags könnte Produkt C im Portfolio weiter nach rechts verschoben werden. Gleiches gilt für die Produkte D und A.

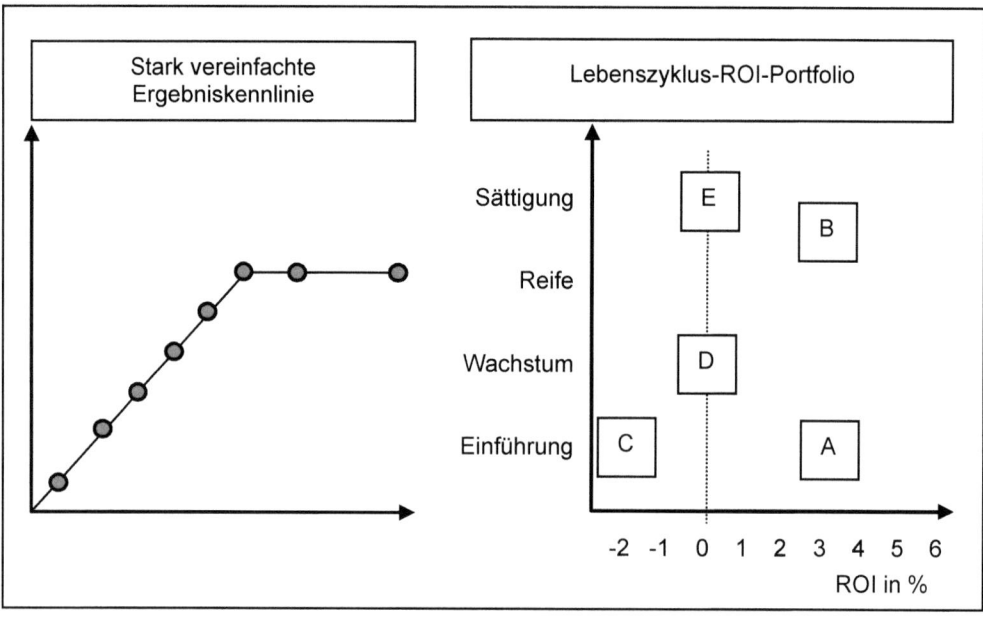

Aufgabe 7:

Die KUBE-Consult GmbH hat für eine zu optimierende Filiale der AMI-GmbH das unten ausschnittweise angegebene QFD-Haus und die tabellierte Einflussgrößenmatrix auf Netzwerkbasis erstellt. Beantworten Sie darauf aufbauend folgende Fragen:

a) Welche Sollkosten auf QFD-Basis stehen der Filialkomponente FK5 zu, wenn das Gesamtbudget für die Filiale bei 10 Mio Euro liegt?

b) Um welche Art von Elementen handelt es sich bei den Filialkomponenten FK2 und FK5? Positionieren Sie beide in einem Einflussgrößenportfolio.

c) Welche Filialkomponente hat den höchsten relevanten Wettbewerbsvorteil; welche hat den höchsten relevanten Wettbewerbsnachteil (bitte jeweils berechnen)?

d) Welche Hinweise (mindestens 4) können Sie auf der Basis der gegebenen Informationen für eine gezielte Optimierung bzw. Vitalisierung der Filiale ableiten?

QFD		Rele-vanz	Filialkomponenten FK 1 ... 5					Stärken-Schwächen-Position
			FK1	FK2	FK3	FK4	FK5	+3 .... -3
Erfolgs-faktoren (EF1...6)	EF1	7	6	7	7	7	7	-2
	EF2	6	4	7	6	4	7	+2
	EF3	5	1	2	4	4	6	+2
	EF4	6	2	7	5	6	7	0
	EF5	7	1	0	3	4	3	-2
	EF6	3	5	7	6	5	7	+1
Stärken-Schwächen-Position +3 .... -3			-2,9	+2,0	+1,8	+1,8	-2,1	

Hinweis für QFD
und Einfluss-
größenmatrix:
Relevanzen und
Einflussintensitä-
ten jeweils
Ratings von 0 ... 7
(0 = keiner;
7 = sehr hoch)

Einflussgrößenmatrix

	FK1	FK2	FK3	FK4	FK5
FK1	■	7	1	2	2
FK2	3	■	6	7	7
FK3	3	1	■	2	6
FK4	4	5	6	■	1
FK5	1	2	3	4	■

Aufgabe 8:

Die KUBE-Consult GmbH hat für ein zu optimierendes Produkt der AMI-GmbH eine Conjoint-Analyse durchgeführt, deren Ergebnisse unten anhand von typischen Teilnutzenfunktionen dargestellt sind. Beantworten Sie die unten gestellten Fragen; bzw. bewerten Sie die jeweiligen Aussagen von Frau Julia, der Geschäftsführerin der AMI GmbH:

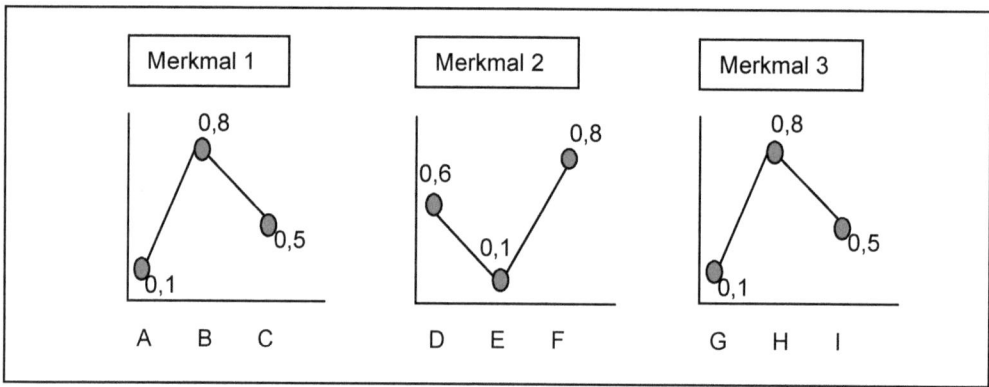

a) Errechnen Sie für die zwei schlechtesten und die zwei besten Produkte die Gesamtnutzenwerte.

b) Wie hoch dürften die Target Costs für Produkt X (mit den Ausprägungen B, E und G) sein, wenn die Target Costs für Produkt Y (mit den Ausprägungen A, D, I) bei 12.000 Euro liegen?

c) Welche Überlegungen sollte man für Forschungs- und Entwicklungsaktivitäten anstellen, wenn man bei Merkmal 2 bislang die Ausprägung E realisiert hat?

d) Bei Merkmal 3 handelt es sich bei der Ausprägung H um die optimale Ausprägung.

e) Wir vertrauen auf die Conjoint-Ergebnisse, schließlich liegt der Korrelationsfaktor zwischen errechneter und empirischer Reihenfolge bei 0,95.

f) Wie würde Ihre Antwort zu e) lauten, wenn Sie folgende Argumente in Betracht ziehen? Bei der Reihenfolgenbildung durch Probanden standen die Stimuli AEG, ADG, BFH und CEI zur Auswahl. Was halten Sie davon, wenn Sie unterstellen, Sie hätten schon ein Vorwissen gehabt, das nahe an den Conjoint-Ergebnissen lag?

Aufgabe 9:

Die KUBE-Consult GmbH hat für ein zu optimierendes Produkt aus dem Sortiment der AMI-GmbH eine Conjoint-Analyse durchgeführt, deren Ergebnisse anhand von den Ihnen bekannten Teilnutzenfunktionen dargestellt sind (vgl. unten). Beantworten Sie die unten gestellten Fragen; bzw. bewerten Sie die jeweiligen Aussagen von Frau Julia, der Geschäftsführerin der AMI GmbH:

a) Welche Nutzenwerte haben die zwei schlechtesten und die zwei besten Stimuli?
b) Wie hoch dürften die Target Costs für Produkt X (mit den Ausprägungen B, E, G und J) sein, wenn die Target Costs für Produkt Y (mit den Ausprägungen A, D, I und L) bei 17.000 € liegen?
c) Wenn wir uns nur auf Merkmal 2 konzentrieren und dort aktuell die Merkmals-ausprägung E realisieren, sollten wir versuchen, Ausprägung F zu erreichen.
d) Aus Sicht der Organisationsentwicklung bzw. des organisatorischen Lernens hätten wir statt von der Conjoint-Analyse eher das Target Costing realisieren sollen – der Grund liegt in der Funktionskostenmatrix.
e) Alle Merkmale haben die gleiche Differenzierungsrelevanz (Nutzenanteil). Sie (er) liegt jeweils bei 25%. Bei einem fünften Merkmal mit den Ausprägungen M mit einem Teilnutzen von 0,9 und N mit einem von 0,0 hätte dieses Merkmal die höchste Differenzierungsrelevanz bzw den höchsten Nutzenanteil.

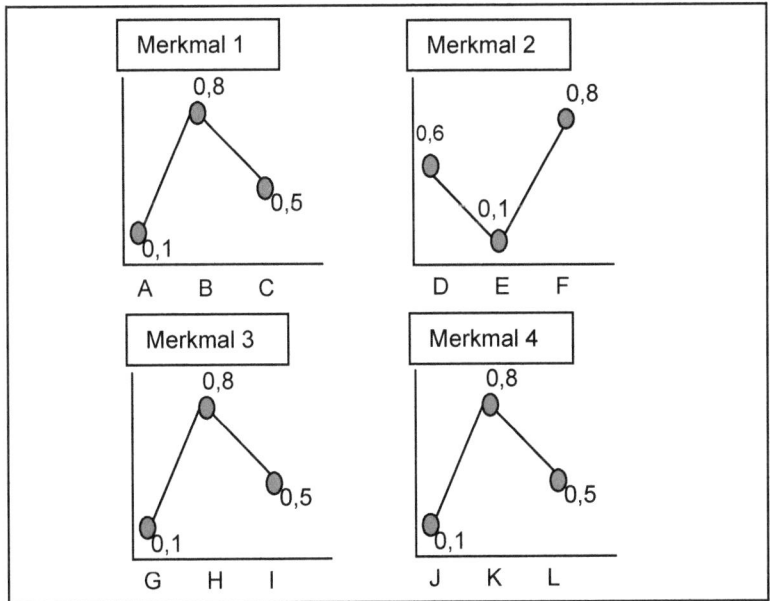

Aufgabe 10:

Die AMI-GmbH hat für einige Produkte eine Conjoint- und QFD-Analyse erstellt. Ausschnitthaft sind einige Ergebnisse unten skizziert. Beantworten Sie die gestellten Fragen bzw. bewerten Sie die jeweiligen Aussagen von Frau Julia, der Geschäftsführerin der AMI GmbH:

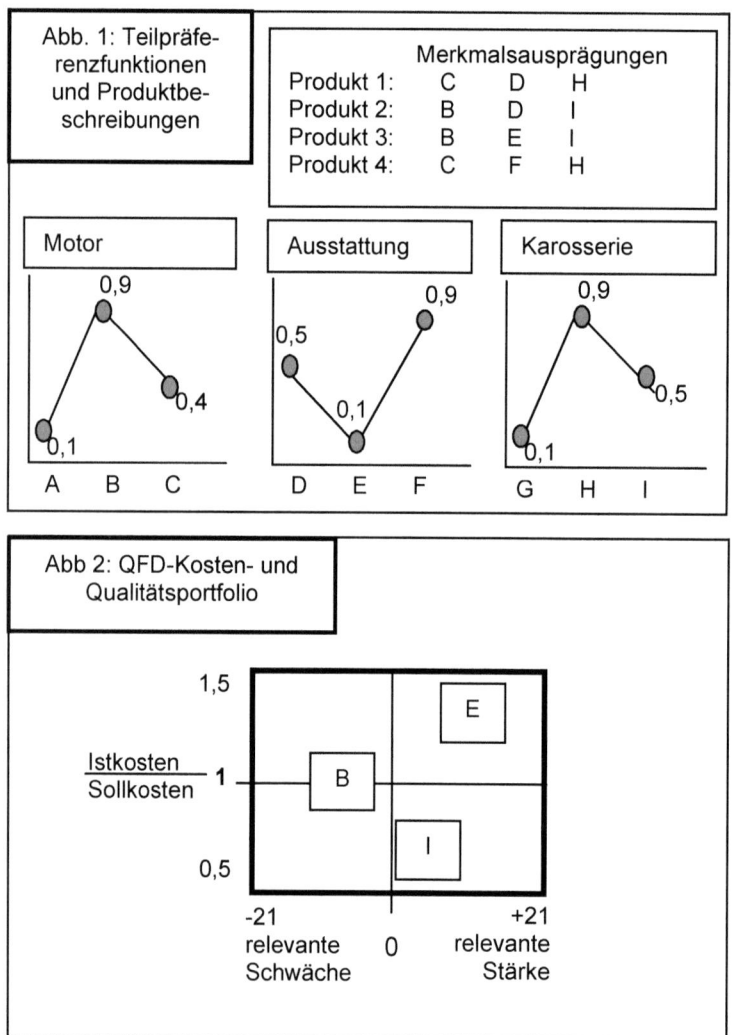

a) Ermitteln Sie die Sollkosten für alle vier Produkte in Anlehnung an das Punktbewertungsverfahren mit proportionaler Kosten- bzw. Preisbildung, wenn 0,1 Nutzenpunkte 2.000 Euro Sollkostenbudget entsprächen.

b) Die aufgeführten Produkte 1, 2, 3 und 4 enthalten weder das beste, noch das schlechteste Produkt. Das beste Produkt hätte einen Nutzenwert von 2,7. Das schlechteste Produkt hätte einen Nutzenwert von 0,3. Beschreiben Sie diese Produkte anhand der Merkmalsausprägungen.

c) Das Portfolio zeigt das Produkt 3. Unterstellt man, dass die Istkosten sowie die relevanten Stärken-Schwächen-Positionen der Ausstattungsvarianten D und E identisch sind, ergäbe sich für D von Produkt 2 im Vergleich zu E welche Positionsveränderung im Kosten- und Qualitätsportfolio, wenn die QFD-Ergebnisse den Conjoint-Ergebnissen entsprächen?

d) Für die vertikale Positionierung der Ausstattung mit der Ausprägung F in einem wie in Abb. 2 dargestellten QFD-Kosten-Qualitätsportfolio für Produkt 4 ist die Gewichtung bzw. Relevanz der ends in einem QFD-Projekt unbedeutend.

e) Bei Produkt 3 würde die Komponente Motor mit der Merkmalsausprägung B im Zielkostenkontrolldiagramm des Target Costing auf der Winkelhalbierenden bzw. im Zielkorridor liegen. Wo würden E und I liegen?

2. Lösungen

Aufgabe 1:

a) Das MoB-Portfolio ist nicht plausibel. Es ist davon auszugehen, dass die zwei Grunddimensionen des Portfolios positiv korrelieren. Die eingezeichneten MoB-Objekte müssten also (und werden in der Praxis) in einer so genannten Punktwolke liegen, die von unten links nach oben rechts ansteigt. Außerdem ist (in der Praxis) aufgrund des Trends zur Mitte davon auszugehen, dass die extremen Ränder des Portfolios nicht besetzt sind.

b) Wenn das Produkt C vom Markt genommen und stattdessen das Produkt X aufgenommen wird, dann sinkt der Ergebnissaldo auf -38 Mio Euro und der Sattelpunkt auf +15 Mio Euro.

c) Zunächst würde sich das Small Numbers Problem verstärken. Wenn sich die Produkte substituieren können (in einer komplementären Beziehung befinden), erleichtert (erschwert) dies die Herausnahme von Produkt D.

d) Die Aussage ist richtig. Wird dann nur MoB-Objekt n selbst erstellt (weil im Make-Bereich) und gibt man nun Produkt A auf, verliert das Unternehmen nur 10% des Wertschöpfungsanteils an A. Außerdem ist der Umsatzanteil von A relativ gering (vgl. Ergebniskennlinie), schätzungsweise nur 10%. Bei Aufgabe von A verliert man ein Produkt, das nur 10% zum Umsatz beitrug und davon fertigte die AMI GmbH (und das ist für die Wertschöpfungs-/Beschäftigungsverluste relevant) lediglich 10% selbst.

Aufgabe 2:

a) Sattelpunkt und Ergebnissaldo liegen auf gleichem Niveau, nämlich bei 220.000 Euro.

Produkt	Umsatz	Umsatz (kum)	DB II	DB II (kum)	DB-Rendite
A	100.000	100.000	30.000	30.000	30,0%
B	200.000	300.000	10.000	40.000	5,0%
C	200.000	500.000	60.000	100.000	30,0%
D	300.000	800.000	10.000	110.000	3,3%
E	100.000	900.000	40.000	150.000	40,0%
F	100.000	1.000.000	70.000	220.000	70,0%
	1.000.000		220.000		22,0%

EKL-Skizze (A und C austauschbar; Ergebnissaldo = Sattelpunkt; Ordinate in T€)

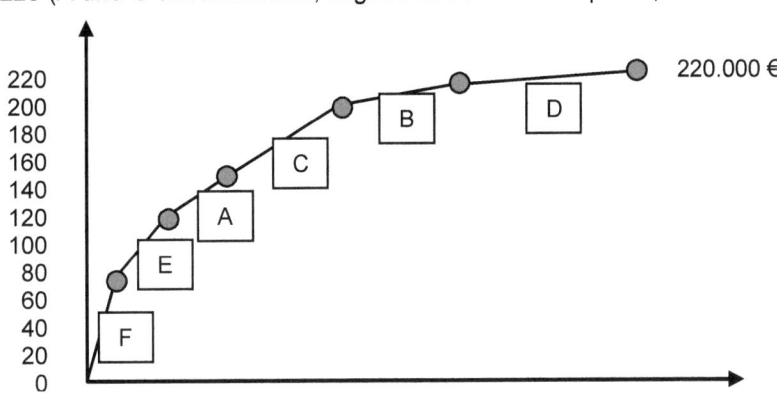

b) Zieht man vom kumulierten Deckungsbeitrag von 220.000 Euro die Unternehmensfixkosten in Höhe von 100.000 Euro ab, so ergibt sich der Gewinn vor Steuern mit 120.000 Euro. Der Return on Investment beträgt dann 6 % (120.000 zu 2.000.000). Die Umsatzrendite beträgt 12% (120.000 zu 1.000.000).

c) Vertikale Rückwärtsintegrationen lösen steigende (Produkt-) Fixkosten aus. Da es sich bei den variablen Kosten i.d.R. bzw. zum Großteil um Materialeinzelkosten handelt, die durch die Einstandspreise der Lieferanten festgelegt werden und durch vertikale Rückwärtsintegration das Beschaffungsvolumen sinkt, ist mit sinkenden variablen Kosten (sowohl auf Stückbasis als auch insgesamt) zu rechnen. Da durch vertikale Rückwärtsintegration der eigene Wertschöpfungsumfang steigt, wandert A im Portfolio nach oben.

d) Bezogen auf E hat der stärkste Konkurrent seine Position bei einem RMA von ca. 0,5, weil AMI bei 2 liegt. Bezogen auf B muss die Aussage nicht richtig sein, weil AMI auch dritt- oder viertbester Konkurrent sein und es mehrere „gleich gute beste" Konkurrenten geben kann. Sie haben dann ihre Position in der Pattsituation (RMA = 1).

e) Zu sehen ist lediglich der relative Marktanteil. Der prozentuale Marktanteil kann auch bei Produkten, deren RMA weit geringer als 1 ist, höher sein als derjenige von Produkten, die einen hohen bzw. RMA von über 1 haben. Es kommt darauf an, welche prozentualen Marktanteile die (stärksten) Konkurrenten tatsächlich haben.

f) D hat einen hohen Umsatz- und einen hohen Wertschöpfungsanteil; daher dürften hier bei einer Bereinigung die höchsten Freisetzungseffekte drohen. A weist sowohl einen geringen Umsatz- als auch einen geringen Wertschöpfungsanteil auf, weshalb sich Freisetzungseffekte bei einer Aufgabe in Grenzen halten werden.

Aufgabe 3:

a) Der Sattelpunkt liegt bei 90.000 Euro, der Ergebnissaldo bei 45.000 Euro.

Produkt	Umsatz	Umsatz (kum)	Gewinn	Rendite
A	100.000	100.000	10.000	10,0%
B	200.000	300.000	-20.000	-10,0%
C	300.000	600.000	60.000	20,0%
D	200.000	800.000	20.000	10,0%
E	100.000	900.000	-25.000	-25,0%
	900.000		45.000	5,0%

EKL-Skizze (A und D sind austauschbar; ohne Rendite-säulen)

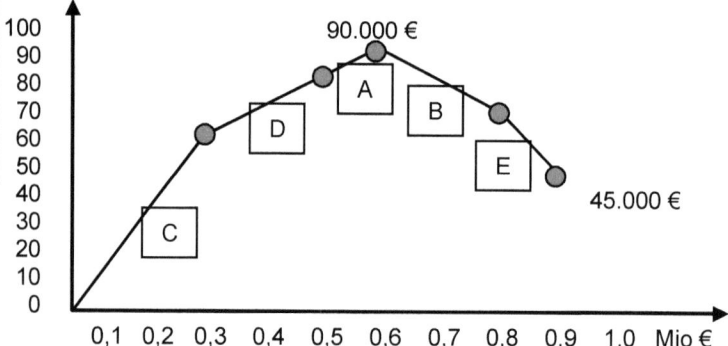

b) Zur Errechnung des RMA sind mangels Absatzzahlen Umsätze verwendbar. Es ergeben sich folgende RMAs: A =0,5; B = 0,5; C = 2; D = 2; E = 0,33. Zusammen mit den gegebenen Werten für das Marktwachstum ist das BCG-Portfolio erstellbar (horizontale Trennlinie z.B. als ungewichteter Mittelwert der Wachstumsraten; für Übungs-zwecke sind für die Umsätze der Produkte entsprechende Kreisgrößen vergebbar).

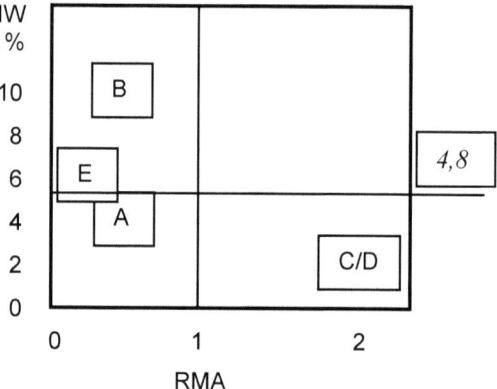

c) Diese Aussage ist für A richtig, weil sich über RMA und Umsatz abschätzen lässt, dass der Konkurrent K1 das doppelte Volumen und damit höhere Erfahrungskur-veneffekte aufweist. Bei C müsste dagegen – aus den gleichen Gründen – der Gewinn von AMI höher sein.

d) Wenn K1 seinen Markt derart weit abgegrenzt hat, dass er weit über den von AMI hinaus geht und K1 in diesem zusätzlichen Markt einen hohen Absatz/Umsatz aufweist, dann kann das Volumen für C auch oberhalb von AMI liegen, weshalb K1 größere Erfahrungskurveneffekte haben könnte als AMI. Nur dann, wenn trotz weiterer Abgrenzung keine zusätzlichen (Absatz-) Volumina entstehen, ergibt sich eine Indifferenz bzw. Irrelevanz für die Erfahrungskurveneffekte.

e) Unterstellung eines (für die Lehre) typischen Einperiodenmodells (mit allen damit verbundenen Problemen (u.a. Zeitzonenprobleme); hieraus ergeben sich mehrere Detailgründe; das Marktwachstum sollte sich auf die Zukunft beziehen; der RMA, über den die Erfahrung (-skurveneffekte) abgebildet wird, ist in der Regel vergangenheits- und gegenwartsorientiert aufzufassen, weshalb das Einperiodenmodell für die (hier unterstellte) Praxis wenig aussagefähig ist. Außerdem finden sich keine Hinweise auf unterschiedliche oder gleiche Marktabgrenzungen.

Aufgabe 4:

a) Hierfür gibt es grundsätzlich verschiedene Möglichkeiten; es sind die relevanten Zahlen aus der in der Aufgabenstellung skizzierten Ergebniskennlinie abzuschätzen. Eine Möglichkeit für das Ausgangstableau zeigt die folgende Tabelle (Gewinn und Umsatz in Euro; Ergebnissaldo = 16.000 €; Sattelpunkt = 40.000 €).

SGE	Umsatz	Gewinn	Rendite	Reihenfolge
A	200.000	0	0 %	2
B	100.000	-20.000	-20 %	4
C	400.000	40.000	10 %	1
D	100.000	-4.000	-4 %	3
Summe	800.000	16.000	2 %	-

b) Bei Anwendung der Normstrategien wären die Einheiten rechts vom Sattelpunkt zu bereinigen (D und B). Sie weisen geringe Umsätze sowie (und dies ist für die Beschäftigung sehr wichtig) relativ geringe Wertschöpfungsquoten auf, weshalb keine „enormen" Wertschöpfungs- und Beschäftigungsverluste eintreten werden (man beachte aber, dass es sich um SGEs in der Wachstumsphase handelt).

c) Für SGE D, die sich in der Wachstumsphase befindet – weshalb man durch vertikale Integration stärker von diesem Wachstum profitieren könnte –, ist auch angesichts des relativ geringen Eigenfertigungsumfangs (vgl. Wertschöpfungsquote) eine vertikale Integration sinnvoll. C befindet sich dagegen in der Reifephase und weist eine schon heute relativ hohe Wertschöpfungsquote auf, weshalb von vertikaler Integration abzusehen wäre.

d) Die Aussage ist falsch. Soweit – und dies ist in der Praxis anzunehmen – zwischen dem Gewinn (v. St.) und dem „einfachen" Deckungsbeitrag Kostenschichten liegen (wenn auch nur bei einer SGE), so verläuft die Ergebniskennlinie auf Basis des „einfachen" Deckungsbeitrags oberhalb der Gewinn-EKL (v. St.).

Aufgabe 5:

a) RMA für A bei K1: 0,66; RMA für B bei K3: 2,00; RMA für C bei K1: 2,00; RMA für D bei K4: 0,50; RMA für E bei K1: 1,00

b) Die Marktwachstumsraten entsprechen im Verhältnis denen aus der Aufgabenstellung.

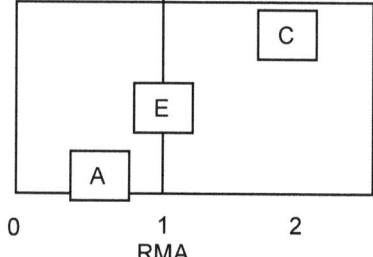

c) AMI hat im Vergleich zu K4 bei D das doppelte Volumen. Bei einer Degression von 25% (slope 75%) liegen die durchschnittlichen Stückkosten bei 7,50 €.

d) Die Ergebnisse von B, C und D liegen bei 0; E hat einen Gewinn von 20.000 €. Auf Basis des RMA von AMI und des Umsatzes des stärksten Konkurrenten ergibt sich ein Umsatz von AMI bei A von 300.000 € und ein Gewinn (Umsatzrendite = 15%) von 45.000 €. Ergebnissaldo und Sattelpunkt liegen dann bei 65.000 €. Bei einem Gewinn von 65.000 € und einem Gesamtumsatz von 1,3 Mio € (A: 0,3 Mio; B: 0,2 Mio; C: 0,1 Mio; D: 0,4 Mio E: 0,3 Mio) ist die Umsatzrendite 5%.

e) Bei C und B (A und D) sollte möglichst eng (weit) abgegrenzt werden.

f) AMI hat bei C einen Marktanteil von 5% und K1 einen von 10% (RMA dann von AMI bei C 0,5). Angenommen sei, dass AMI bei B einen prozentualen Marktanteil von 20% und K3 bei B von 40% hat (RMA dann von AMI bei B wiederum 0,5).

Aufgabe 6:

a) Die Ergebniskennlinie weist nur Produkte mit positiven bzw. Renditen von 0 auf. Daher kann D im Portfolio richtig positioniert sein. C ist jedoch falsch positioniert.

b) Nein. A und B haben eine positive Rendite, weshalb sie in der Ergebniskennlinie links vom Sattelpunkt liegen müssten.

c) A liegt aufgrund der positiven Rendite links vom Sattelpunkt (also im positiven Anstieg der Ergebniskennlinie), weshalb sich Sattelpunkt und Ergebnissaldo bei einer Eliminierung von A reduzieren würden.

d) Unter der Annahme, dass sich durch die vertikale Vorwärtsintegration der Gewinn nicht erhöhen lässt, ist zumindest anzunehmen, dass durch die Vorwärtsintegration einerseits zusätzliches Investment erforderlich wird (Anstieg des investierten Kapitals), während sich andererseits der Preis pro Produkt und damit der Umsatz erhöht (höheres Veredelungsniveau). Damit sinkt – bei Gewinnkonstanz – die Umsatzrendite. Bleibt der Kapitalumschlag unverändert (höherer Umsatz und höheres investiertes Kapital), so sinkt der Return on Investment.

e) Eine vertikale Rückwärtsintegration ist bei E und B aufgrund der Nähe zur Sättigungsphase nicht anzuraten. Bei A macht dies Sinn, weil dann noch intensiver von der bevorstehenden Wachstumsphase profitiert werden kann.

f) Diese Aussage ist richtig, vgl. dazu auch a.

g) Bei C ist dies – unter sonst gleichen Bedingungen – nicht der Fall, weil C ein negatives Ergebnis hat. Bei D ergibt sich keine Auswirkung, da der Gewinn bei 0 liegt. Für A ergäbe sich dagegen eine Rechtsverschiebung.

Aufgabe 7:

Für die Lösung der Aufgaben a) bis d) ist es sinnvoll, sowohl die QFD-Daten als auch die Einflussgrößenmatrix bis auf die Ebene der gesuchten Ergebnisse durchzurechnen (vgl. nachfolgende Tabellen).

a) Aus dem durchgerechneten QFD-Haus sind die absoluten Sollkosten der Filialkomponenten entnehmbar. Für FK5 ergibt sich ein Budget von 250.000 Euro.

b) Für die Erstellung des Einflussgrößenportfolios sind die in der Einflussgrößenmatrix gegebenen Daten und die dort ermittelte (durchschnittliche) Einflussnahme und (durchschnittliche) Beeinflussung heranzuziehen (vgl. unten). Bei FK2 handelt es sich danach um ein kritisches Element; bei FK5 handelt es sich um ein passives Element.

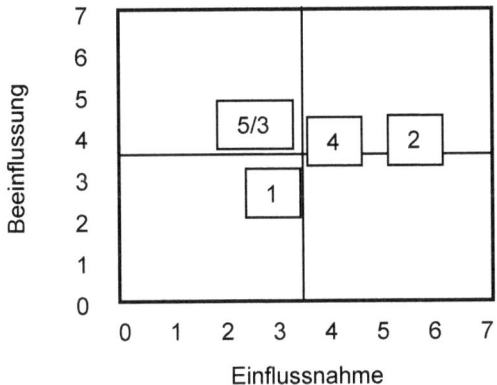

c) Die relevanten Stärken-Schwächen-Positionen ergeben sich aus der Multiplikation der absoluten Stärken-Schwächen-Position mit der Relevanz. Bei FK2 hat die Filiale die höchste relevante Stärke (+0,40), bei FK5 hat die Filiale die größte relevante Schwäche (-0,53).

		Rele- vanz	Bankfiliale					Wettbewerbs- Position
			FK1	FK2	FK3	FK4	FK5	+3 .... -3
Erfolgs- faktoren (EF1...6)	EF1	7	6	7	7	7	7	-2
	EF2	6	4	7	6	4	7	+2
	EF3	5	1	2	4	4	6	+2
	EF4	6	2	7	5	6	7	0
	EF5	7	1	0	3	4	3	-2
	EF6	3	5	7	6	5	7	+1
Stärken-Schwächen-Position +3 .... -3			-2,9	+2,0	+1,8	+1,8	-2,1	

	FK1	FK2	FK3	FK4	FK5	
Sollkostenanteil	105	164	174	172	205	820
Sollkosten absolut	1280488	2000000	2121951	2097561	2500000	10.000.000

relevante Wett- bewerbsposition	-0,37	0,40	0,38	0,38	-0,53

	FK1	FK2	FK3	FK4	FK5		
FK1	■	7	1	2	2	3,00	
FK2	3	■	6	7	7	5,75	durchschn.
FK3	3	1	■	2	6	3,00	Einfluss-
FK4	4	5	6	■	1	4,00	Nahme
FK5	1	2	3	4	■	2,50	
	2,75	3,75	4,00	3,75	4,00		
	durchschn. Beeinflussung						

d)   1: Erfolgsfaktor 5 liegt stark negativ und die bestehenden Einheiten beeinflussen EF5 kaum. Insofern ist zu prüfen, welche Einheiten (höchste Priorität auf FK1 und FK2 aufgrund ihrer geringen Einflüsse) noch ausschöpfungsfähiges Einwirkungspotenzial aufweisen. 2: Komplementär dazu kann versucht werden, über Kommunikationspolitik die Relevanz dieses Erfolgsfaktors aus Kundensicht zu verringern. 3: Eine solche Strategie kann sich vor allem auch für den Erfolgsfaktor 1 anbieten, weil die bisherigen Einheiten relativ hohe Einflussintensitäten aufweisen und deshalb höchstwahrscheinlich kein Potenzial für die Beeinflussung von Erfolgsfaktor 1 mehr aufweisen. 4: Ist dies nicht möglich, muss versucht werden, eine zusätzliche Filialkomponente (Ressource) aufzubauen, die zielgenau auf EF1 anzusetzen ist. (5: Die Stärkenpotenziale in den EF2, 3 und 6 sowie in FK2, 3 und 4 sind (relevanzgesteuert) im Sinne einer „Überholstrategie" zu nutzen bzw. im Zuge der Kommunikationspolitik nach außen (an den Markt und die Kunden) zu signalisieren.)

Aufgabe 8:

a) Ein Produkt „a" mit den Merkmalen A (0,1), E (0,1) und G (0,1) hat mit 0,3 den schlechtesten Gesamtnutzenwert; am zweitschlechtesten schneidet ein Produkt „b" mit den Merkmalen A (0,1), E (0,1) und I (0,5) ab (0,7). Ein Produkt „c" mit C (0,5), E (0,1) und G (0,1) hätte auch einen Gesamtnutzenwert von 0,7. Der Gesamtnutzenwert bei einem Produkt „z" mit B (0,8), F (0,8) und H (0,8) liegt am höchsten (2,4). Es folgt ein Produkt „y" mit B (0,8), D (0,6) und H (0,8) mit einem Wert von 2,2.

b) Y (ADI) hat bei Target Costs von 12.000 Euro einen Gesamtnutzenwert von 1,2. In Anlehnung an das Punktbewertungsverfahren mit proportionaler Preisbildung dürften dann die Target Costs für X (BEG) mit einem Gesamtnutzenwert von 1,0 bei 10.000 Euro liegen.

c) Vordergründig sollte man die F&E-Anstrengungen auf die Erreichung der Merkmalsausprägung F ausrichten, um einen höheren Nutzenwert zu erzielen. Die Frage ist aber, welches Budget hierfür erforderlich ist und ob F überhaupt erreicht werden kann. Daher kann es – in Abwägung der einzusetzenden Budgets und der F&E-Fortschritte – auch sinnvoll sein, die F&E-Aktivitäten Richtung Merkmalsausprägung D voranzutreiben.

d) Dies kann, muss aber nicht sein. Schließlich könnte das Maximum auch zwischen H und G bzw. zwischen H und I liegen, wenn es dort Merkmalsausprägungen gibt. Im Conjoint-Design standen anscheinend nur die drei ersichtlichen Merkmalsausprägungen zur Auswahl.

e) Ein Korrelationsfaktor zwischen errechneter und empirischer Reihenfolge von 0,95 ist als positives Gütekriterium anzusehen (1,0 ist das Maximum).

f) Im Stimulifeld standen Stimulis zur Auswahl, die sich lediglich an den oberen und unteren Grenzen der Gesamtnutzenwerte befinden. D.h. vor allem nur negativ voreingestellte Merkmalsausprägungen und eher nur positiv voreingestellte Merkmalsausprägungen wurden zu Stimulis verknüpft, weshalb nicht auszuschließen ist, dass Restriktionierungs- und Subventionierungseffekte auftraten, die sich auch in den Teilnutzenwerten niederschlagen. Der hohe Korrelationsfaktor kann also über die inhaltlich-methodischen Schwächen des Stimulifeldes hinwegtäuschen.

Aufgabe 9:

a) Das schlechteste Produkt „a" hat die Merkmalsausprägungen A, E, G und J mit einem Gesamtnutzenwert von 0,4. Es gibt mehrere zweitschlechteste Produkte, z.B. „b" mit C, E, G und J (0,8) oder „c" mit A, E, I und J (0,8). Das beste Produkt „z" hat einen Gesamtnutzenwert von 3,2 (BFHK); das zweitbeste Produkt „y" hat einen Gesamtnutzenwert von 3,0 (BDHK).

b) Produkt Y(ADIL) hat bei einem Gesamtnutzen von 1,7 Target Costs von 17.000 €. Auf Basis des Punktbewertungsverfahrens mit proportionaler Preisbildung dürfte dann das Produkt X(BEGJ) bei einem Gesamtnutzen von 1,1 Target Costs von 11.000 € aufweisen.

c) Dies ist grundsätzlich richtig, weil Merkmalsausprägung F mit 0,8 einen höheren Teilnutzen als Merkmalsausprägung D (0,6) erzielt. Aber es ist fraglich, ob F durch F&E-Aktivitäten erreichbar ist und welche Budgets dafür einzusetzen sind. In Relation von F&E-Einsatz und erreichbarer Steigerung der Teilnutzenwerte ist zu entscheiden, ob F&E-Aktivitäten Richtung F oder D voranzutreiben sind.

d) Im Hinblick auf die Organisationsentwicklung bzw. des organisatorischen Lernens unterliegt die Ermittlung der Sollkostenanteile über die Funktionskostenmatrix I und II im Target Costing einem stärkeren interdisziplinären Diskurs im Target-Costing-Team. Diese Komponente fehlt bei der Ermittlung (quasi auf einen „Conjoint-Schlag") der Sollkostenanteile im Conjoint Measurement. Insofern ist die Aussage richtig.

e) Die erste Aussage ist richtig, da die Nutzenspanne jeweils bei 0,7 (in Summe 2,8) liegt (jeweils 25%). Das fünfte Merkmal hätte eine Nutzenspanne von 0,9 und damit die höchste Differenzierungsrelevanz.

Aufgabe 10:

a) Produkt 1 hat einen Gesamtnutzen von 1,8 (Sollkosten 36.000 €). Produkt 2: 1,9 (38.000 €). Produkt 3: 1,5 (30.000 €). Produkt 4: 2,2 (44.000 €).

b) Die Aussage ist richtig. Das beste Produkt (2,7) wäre Z (BFH), das schlechteste Produkt (0,3) wäre Y(AEG).

c) D würde im Vergleich zu E im Portfolio zunächst nach unten wandern, weil es höhere Sollkosten zugeteilt bekäme (bei gleichen Istkosten; das Verhältnis ist immerhin 1:5, weshalb D unterhalb der horizontalen Trennlinie läge).

d) Die Gewichtung der ends wäre für die vertikale Positionierung von F nicht unbedeutend, weil diese in der QFD-orientierten Funktionskostenmatrix in die Berechnung der Sollkosten und damit in das Istkosten-Sollkosten-Verhältnis eingeht.

e) Daß B auf der Winkelhalbierenden bzw. im Zielkorridor des Zielkontrolldiagramms liegen würde, ist richtig (Istkosten-Sollkosten-Verhältnis = 1). E (I) würde im Vergleich zur Winkelhalbierenden oben links (unten rechts) und vermutlich (in Abhängigkeit der absoluten Zahlen) außerhalb des Zielkorridors liegen.

Kapitel III

Case Studies

Dieses Kapitel III enthält Fallstudien ohne Lösungen. Die zur Lösung erforderlichen Stoffinhalte können in der Regel in jedem fundierteren Werk zur Unternehmensführung oder zum strategischen Management nachgelesen werden, das sich mit dem typischen Spektrum an Instrumenten und Methoden der Unternehmensführung befasst. Direkt mit den hier gebotenen Fallstudien korrespondieren folgende zwei Bücher des Autors:

Schneider, D.; Unternehmensführung – Instrumente für das Management in der Postmoderne, Kompakte Studienausgabe, 2. Auflage, Norderstedt, 2015.

Schneider, D.; Unternehmensführung und strategisches Controlling – überlegene Methoden und Instrumente sowie postmoderne Relativierungen, 5. Auflage, München u. Darmstadt, 2007.

Aufgabe 1:

Die AMI GMBH plant die Übernahme der TOBIDI GmbH. Sie leiten den Stab „Inhouse Consulting und strategische Planung" der AMI GmbH. Auf der Basis der unten tabellierten Informationen sollen Sie eine Geschäftsanalyse betreiben und anschließend vor der Geschäftsführung berichten. Dabei werden erwartungsgemäß folgende Fragen im Mittelpunkt des Interesses stehen:

a) Wie hoch sind die prozentualen Marktanteile, die relativen Marktanteile sowie die fehlenden Stückkosten für TOBIDI sowie die einzelnen Konkurrenten? Hinweis für die Abschätzung der durchschnittlichen Stückkosten: Bei SGE1 handelt es sich um materialintensive Produkte des Maschinenbaus; SGE2 betreibt ein industrielles Kunststoffprodukt; in der SGE3 werden elektronische Bauelemente hergestellt.

b) Wenn man bei SGE1 einen Marktpreis pro Stück von 11 €, bei SGE2 von 5 € und bei SGE3 von 4 € unterstellt, welche Gewinnspannen pro Stück und für die jährlichen Absatzmengen ergeben sich dann für TOBIDI?

c) Der Vortrag vor der Geschäftsführung soll u.a. ein BCG-Portfolio für die TOBIDI GmbH enthalten, wobei bei SGE1 von einem Marktwachstum von ca. 6%, bei SGE2 von einem von ca. 8% und bei SGE3 von 1% auszugehen ist.

d) Sie sollen die Gesamtlage der TOBIDI GmbH beurteilen und dem Management der AMI GmbH eine Entscheidungsempfehlung für die Übernahmeabsichten erarbeiten.

e) Wenn Ihnen die gegebenen Informationen als zu schwach erscheinen, um eine „gute" Entscheidungsempfehlung abzugeben bzw. um die Entscheidungsempfehlung zusätzlich zu unterfüttern, erstellen Sie bitte eine Liste weiterer Informationskategorien, die Sie für eine Übernahmeentscheidung als relevant ansehen. Priorisieren Sie diese mit einem so genannten Priorisierungs-Portfolio. Positionieren Sie darin grob und schätzungsweise die Informationskategorien anhand der Grunddimensionen „Relevanz" und „Beschaffungsaufwand". Identifizieren Sie darin auch die so genannten „Planungsinformatoren", die als Ansprechpartner für die einzelnen Informationskategorien aus Ihrer Sicht in Frage kommen.

	kumulierte Produktions- menge (in Stück)	jährliche Absatz- menge (in Stück)	Markt- anteile (in %)	RMA	Stück- kosten (in €)
SGE 1					
TOBIDI	1.000.000	100.000			8,00
Konk. A	4.000.000	400.000			
Konk. B	4.000.000	400.000			
Konk. C	1.000.000	100.000			
SGE 2					
TOBIDI	400.000	40.000			3,50
Konk. A	400.000	80.000			
Konk. B	800.000	40.000			
Konk. D	400.000	40.000			
Konk. E	800.000	80.000			
Konk. F	1.600.000	160.000			
SGE 3					
TOBIDI	1.000.000	200.000			3,30
Konk. A	500.000	100.000			
Konk. B	500.000	100.000			

Aufgabe 2:

Die AMI GMBH plant nun auch die Übernahme der MARTEID GmbH. Über MARTEID sind unten einige Informationen anhand einer Ergebniskennlinie, eines vereinfachten BCG-Portfolios sowie einer Tabelle, welche die prozentualen Marktanteile darstellt, gegeben. Wiederum sollen Sie der Geschäftsführung der AMI GmbH einen Bericht für die nächste Geschäftsführungssitzung erstellen, der auf folgende Fragen Antworten vorsieht:

a) Wie hat sich das so genannte Small Numbers Problem vom Vorjahr (t=-1) zum aktuellen Geschäftsjahr (t=0) verändert?

b) Halten Sie angesichts der gegebenen Informationen das dargestellte BCG-Portfolio für richtig, wenn Sie auf die Werte in der Tabelle vertrauen?

c) Schätzen Sie für t=0 die Umsatzanteile in Prozent für die Fragezeichen, die Stars, die Cash Cows und die Dogs der MARTEID GmbH (Positionierungen auf der Basis des berichtigten BCG-Portfolios).

d) Skizzieren Sie anhand der Angaben und auf Basis des berichtigten Portfolios für MARTEID nun die BCG-Portfolios für die Firmen POX und PIX.

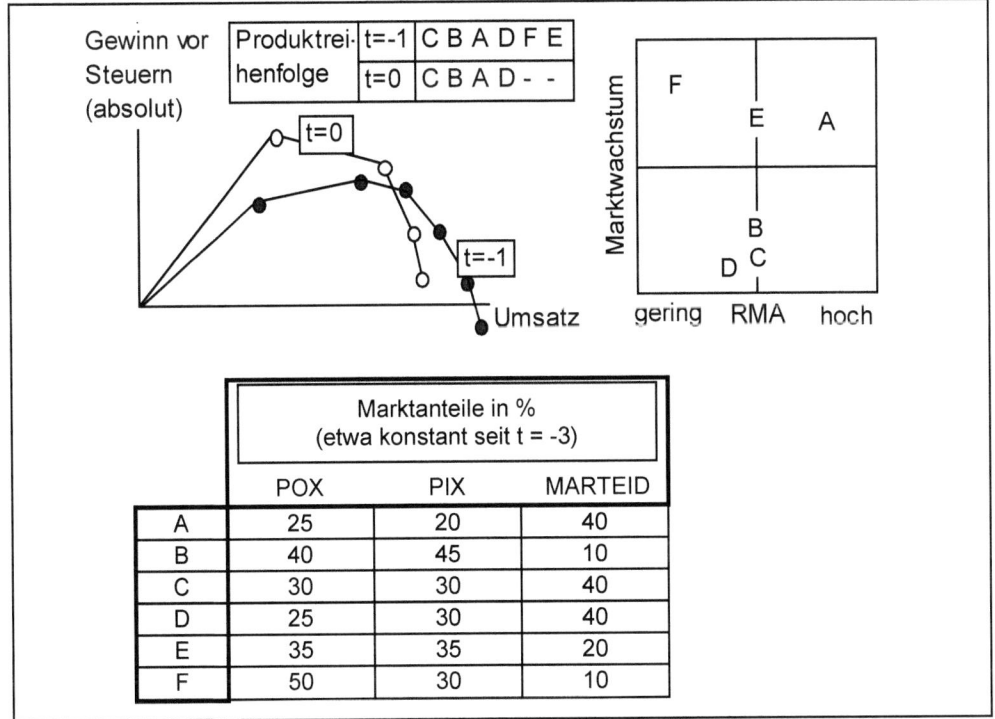

	Marktanteile in % (etwa konstant seit t = -3)		
	POX	PIX	MARTEID
A	25	20	40
B	40	45	10
C	30	30	40
D	25	30	40
E	35	35	20
F	50	30	10

Aufgabe 3:

In einer Sparte der AMI GmbH werden exklusive Elektro-Golfplatz-Cars produziert. Die Geschäftsführung der AMI GmbH will damit nun auch in den asiatischen Markt eindringen. Allerdings weiß die Geschäftsführung, dass es um die gegenwärtige Kostenposition der AMI GmbH derzeit eher schlecht bestellt ist. Um eine angemessene Umsatzrendite zu erzielen, müssten bei einem marktlich tragfähigen Preis von maximal 6.000 € pro Stück die Stückkosten auf 4.000 € gedrückt werden. Auf der Basis einer QFD-gestützten Analyse soll daher ein „Zero-Base-orientiertes Cost-Cutting" erfolgen, mit dem die Target Costs von 4.000 € zu erreichen sind.

In einem interdisziplinären Team ist in Anlehnung an die Funktionskostenmatrix II des Target Costing der unten dargestellte Ausschnitt eines Quality-House auf QFD-Basis erarbeitet worden. Es enthält u.a. alle zu berücksichtigenden Kaufkriterien in verdichteter Form (KK) sowie die bislang in den Golfplatz-Car eingebauten 13 Produktkomponenten (PK) und ihre Istkosten.

Kauf-kriterien	Gewich-tung*)	PK 1	PK 2	PK 3	PK 4	PK 5	PK 6	PK 7	PK 8	PK 9	PK 10	PK 11	PK 12	PK 13
		1**)	0	0	0	1	1	0	1	0	0	1	1	0
KK1	6	3*)	5	4	4	3	1	4	5	5	5	5	2	6
KK2	4	6	3	5	7	4	3	2	4	6	7	7	2	6
KK3	7	2	5	5	7	5	4	4	3	7	5	7	1	4
KK4	3	1	1	4	7	6	2	5	6	3	5	5	3	5
KK5	2	3	2	6	3	3	2	6	5	5	5	2	2	6
KK6	5	2	6	7	4	4	1	7	4	5	6	3	1	6
KK7	6	3	4	4	4	5	2	6	3	7	6	4	3	7
KK8	6	2	5	6	4	3	3	4	6	7	6	7	1	7
Istkosten in €		250	442	402	442	320	230	365	386	441	480	430	160	570

*) Gewichtungen und Ratings von 0 = keine Relevanz/keine Einwirkung bis 7= hohe Relevanz/hohe Einwirkung
**) Disponierbarkeit; 1, wenn technisch-konstruktiv disponierbare (Zusatz-) Komponente; 0, wenn technisch-konstruktiv nicht disponierbare (Grund-) Komponente

Soweit die Target Costs und der Zielpreis eingehalten werden können, ließe sich in den nächsten vier Jahren auf dem asiatischen Markt ein jährlich steigendes Volumen absetzen (vgl. die Aufstellung in der nachfolgenden Tabelle).

Prognostiziertes Absatzvolumen	
t=1	ca. 1.800 Stück
t=2	ca. 1.950 Stück
t=3	ca. 2.050 Stück
t=4	ca. 2.100 Stück

Die einmaligen Anlaufkosten liegen bei schätzungsweise 280.000 €; die (Sprung-) Fixkosten werden voraussichtlich von 80.000 € über 120.000 und schließlich auf 150.000 € in t =3 und 160.000 € in t=4 steigen.

In der nächsten Geschäftsführungssitzung soll über das Gesamtprojekt entschieden werden. Sie sollen (in Ihrem Team) der Geschäftsführung hierfür eine fundierte Entscheidungsempfehlung erarbeiten und in der Sitzung dazu eine überzeugende Präsentation erstellen.

Aufgabe 4:

Das Management der AMI GmbH überlegt, zusätzliche Produkte in das Sortiment aufzunehmen. Je Produkt liegen hierfür Kosten- und Volumensdaten sowie Rating-Werte über die Marktattraktivität und die Ressourcenstärke vor (vgl. Tabellen). Letztere stellen Rating-Rohdaten dar, d.h. der so genannte Skaliertausch ist bislang noch nicht berücksichtigt worden.

	Material-kosten (MEK+MGK)	Ferti-gungs-zeiten	einmalige Anlauf-kosten, €	Geplante Volumina (Stck)			
	€ je Stck	h/Stck	t=1	t=1	t=2	T=3	t=4
Elektro-Boote	5.000	16	600.000	200	205	210	220
Cart-Cars	1.750	11	150.000	530	660	800	800
Elektro-Scooter	650	10	430.000	260	260	260	260
Elektro-Roller	2.250	10	100.000	600	750	900	950
E-Kehrfahrzeuge	5.760	15	90.000	690	850	965	965

MEK = Materialeinzelkosten; MGK Materialgemeinkosten; Konstanz der Preise und MK

Der kalkulatorische Kostensatz als Summe aus Fertigungseinzel- und -gemeinkosten pro Fertigungsstunde entwickelt sich wie folgt: t1=50€, t2=53€, t3=55€, t4=57€. Der Gemeinkostenzuschlag auf die Herstellkosten beträgt 20 Prozent je Stück.

1. Elektro-Boote

Bewertung der Attraktivität der Märkte:
(1 = jeweils gering; 7 = jeweils hoch)

Substitutionsgefahr	1
Sättigungsgrad am Markt	2
Rivalität im Markt	2
Kaufkraft der Kunden	6
Kannibalisierung eigener Produkte	3
Marktwachstum	5

Bewertung der eigenen Position:
(1 = schwach/gering; 7 = stark/hoch)

Know-how-Synergien	5
Vertriebskompetenz	4
Kompatibilität der Fertigungen	7
Existenz geeigneter Lieferanten	6
Prozesssicherheit/Erfahrung	5
Erforderlicher Culture-Change	2

2. Cart-Cars

Substitutionsgefahr	5
Sättigungsgrad am Markt	4
Rivalität im Markt	6
Kaufkraft der Kunden	4
Kannibalisierung eigener Produkte	4
Marktwachstum	2

Know-how-Synergien	4
Vertriebskompetenz	1
Kompatibilität der Fertigungen	4
Existenz geeigneter Lieferanten	3
Prozesssicherheit/Erfahrung	3
Erforderlicher Culture-Change	6

3. Elektro-Scooter

Substitutionsgefahr	4
Sättigungsgrad am Markt	4
Rivalität im Markt	6
Kaufkraft der Kunden	4
Kannibalisierung eigener Produkte	2
Marktwachstum	2

Know-how-Synergien	2
Vertriebskompetenz	1
Kompatibilität der Fertigungen	2
Existenz geeigneter Lieferanten	3
Prozesssicherheit/Erfahrung	1
Erforderlicher Culture-Change	6

4. Elektro-Roller

Substitutionsgefahr	3
Sättigungsgrad am Markt	2
Rivalität im Markt	2
Kaufkraft der Kunden	5
Kannibalisierung eigener Produkte	4
Marktwachstum	7

Know-how-Synergien	6
Vertriebskompetenz	5
Kompatibilität der Fertigungen	6
Existenz geeigneter Lieferanten	5
Prozesssicherheit/Erfahrung	7
Erforderlicher Culture-Change	3

5. Elektro-Kehrfahrzeug

Substitutionsgefahr	2
Sättigungsgrad am Markt	2
Rivalität im Markt	4
Kaufkraft der Kunden	4
Kannibalisierung eigener Produkte	3
Marktwachstum	6

Know-how-Synergien	6
Vertriebskompetenz	4
Kompatibilität der Fertigungen	7
Existenz geeigneter Lieferanten	5
Prozesssicherheit/Erfahrung	6
Erforderlicher Culture-Change	2

Erstellen Sie auf der Basis der gegebenen Informationen eine überzeugende Präsentation für die nächste Sitzung der Geschäftsführung der AMI GmbH. Erarbeiten Sie u.a. ein Produkt-Markt-Portfolio auf McKinsey-Basis. Neben dieser strategischen Analyse ist eine an den operativen Zahlen orientierte Analyse aufzubereiten. Beurteilen Sie, inwiefern sich beide Analysen entsprechen bzw. zu ähnlichen Folgerungen führen und welche Produkte von der AMI GmbH gegebenenfalls in das Produktsortiment aufgenommen werden sollten. Gehen Sie ferner der Frage nach, wieviel Personal aufgebaut werden könnte/sollte.

Aufgabe 5:

Unten sind die Ergebniskennlinie und ein BCG-Portfolio für die Geschäftsfelder der AMI GmbH gegeben. Bearbeiten Sie folgende Aufgaben bzw. beurteilen Sie die folgenden Aussagen von Frau Julia, der Geschäftsführerin der AMI GmbH:

a) Der ROI auf Basis des Gewinns vor Steuern für das Geschäftsfeld A ist 0.
b) Der Umsatz von A ist höher als von B. Der Marktanteil in % von B ist höher als derjenige von A.
c) Die Ergebniskennlinie auf der Basis des einfachen Deckungsbeitrags würde unterhalb der in der Abbildung skizzierten Ergebniskennlinie verlaufen.
d) Konstruieren Sie für ein Wettbewerbsfeld mit vier Wettbewerbern (einschl. AMI GmbH), deren prozentuale Marktanteile sich auf 100 % addieren, eine Tabelle mit prozentualen und relativen Marktanteilen, so dass sich für das Geschäftsfeld C der AMI GmbH der im Portfolio skizzierte RMA von 1,5 ergibt.
e) Bei gleicher Marktabgrenzung liegen alle Konkurrenzgeschäftsfelder von D links von einem RMA von 1.
f) Unter allen Konkurrenten haben wir bei A die geringsten und bei C die höchsten Erfahrungskurveneffekte.

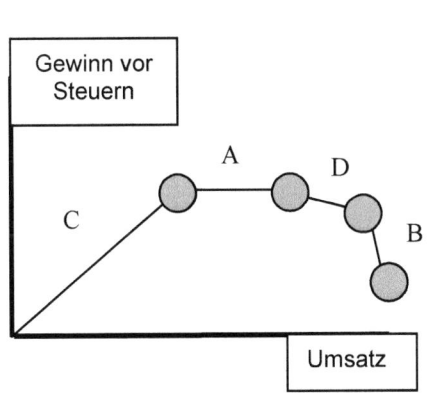

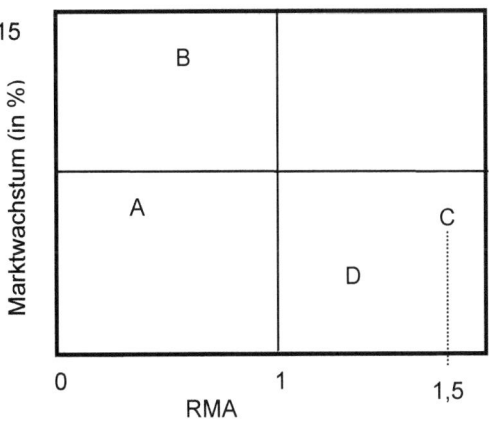

Aufgabe 6:

Frau Julia, der Geschäftsführerin der AMI-GmbH, liegt die unten dargestellte Conjoint-Tabelle vor, die aus einem so genannten poor-man-Verfahren abgeleitet wurde. Dazu hat Frau Julia die unten aufgelisteten Fragen, die Sie ihr beantworten sollen:

a) Wieviele Stimuli standen im Conjoint-Projekt zur Auswahl und wieviele Probanden wurden befragt?

b) Welches Merkmal hat die höchste und welches Merkmal hat die geringste Differenzierungsrelevanz (bitte jeweils errechnen)?

c) Wieviele Stimuli umfasst das Volldesign? Wieviele Stimuli würde das Volldesign umfassen, wenn ein fünftes Merkmal mit drei Ausprägungen dazu käme?

d) Ist es möglich, dass eine Ausprägung einen Teilnutzenwert von 0 erreicht (bitte begründen)?

e) Wie sieht für das Merkmal 3 eine Teilpräferenzfunktion aus?

f) Bestimmen Sie das Stimuli mit dem höchsten und mit dem niedrigsten Gesamtnutzenwert.

g) Welche Merkmalsausprägung stand im reduzierten Design häufiger zur Auswahl, die Ausprägung 2 von Merkmal 1 oder die Ausprägung 2 von Merkmal 3 (Begründung)?

h) Wenn das Produktstimuli X (2111) einen Preis hat von 538 €, wie hoch dürfte dann der Preis des Produktstimuli Y (2232) in Anlehnung an das Punktbewertungsverfahren mit proportionaler Preisbildung sein?

Merk-mal	Aus-prä-gung	Platzierung								IST-Punkte	Max.-Punkte	IST/Max.
		1	2	3	4	5	6	7	8			
					Punkte							
		8	7	6	5	4	3	2	1			
1	1	17	4	5	14	11	7	16	2	363	494	0,73
	2	2	15	14	5	8	12	3	17	321	494	0,65
2	1	18	9	12	8	19	11	13	5	459	570	0,81
	2	1	10	7	11	0	8	6	14	225	399	0,56
3	1	0	0	0	0	5	7	13	13	80	285	0,28
	2	1	7	12	8	14	8	2	5	258	399	0,65
	3	18	12	7	11	0	4	4	1	346	399	0,87
4	1	19	17	13	3	2	3	0	0	381	399	0,95
	2	0	2	6	16	17	16	19	19	303	570	0,53

Hinweis für Stimuli-Schreibweise, z.B. für Stimuli 1: 2121 >>> Merkmal 1 Ausprägung 2, Merkmal 2 Ausprägung 1, Merkmal 3 Ausprägung 2, Merkmal 4 Ausprägung 1.

Kapitel IV

Typische Examensklausur (Probeklausur)

Dieses Kapitel enthält eine typische und beispielhafte Examensklausur zur Unternehmensführung. Sie setzt sich aus Multiple-Choice-Fragen und einer Fallstudie zusammen. Die gesamte Klausur geht von einer Prüfungszeit von 60 Minuten aus.

Hinweise: Die Klausur umfasst 2 Teile. **Teil A** besteht aus 5 Blöcken. Dabei können eine, mehrere oder alle Antworten *richtig* bzw. *falsch* sein. Bitte kreuzen Sie an. Sind Antworten als *richtig* gekennzeichnet, die *falsch* sind (bzw. umgekehrt), gibt es Punktabzüge. Wird nicht angekreuzt, so wirkt sich dies auf die Punkte nicht aus. Übertragen Sie Ihre Kreuze in den **"Lösungsteil"** am Ende von Teil A. **Teil B** besteht aus einer Fallstudie. Auf Teil A gibt es 50 Punkte; auf Teil B gibt es ebenfalls 50 Punkte.

Teil A: je Statement 2 Punkte

r f Block 1:

0 0 Die Abflachung der Hierarchie und die Ausweitung der Leitungsspanne können Auslöser dafür sein, das Führungsverhalten nun eher an der Erreichung von Ergebnissen bzw. Zielen auszurichten. Dadurch gewinnt das so genannte Management by Objectives an Relevanz.

0 0 Aus der Perspektive der Postmoderne liegt die Wahrheit von Aussagen oft in deren Umkehrung. Und Meta-Erzählungen – auch diejenigen des Managements – unterliegen der Dekonstruktion.

0 0 Die Anteile von Willensbildung und Willensdurchsetzung entlang der typischen Managementebenen haben sich in den letzten 20 Jahren stark verändert. Vor allem auch der Übergang zur Gruppen- und Teamarbeit hat dabei dazu geführt, dass der Anteil der Willensbildung im unteren Teil der Managementebene gesunken ist.

0 0 Das kosmopolitische Management, insbesondere als Überhöhung des globalen Managements, kann aus postmoderner Sicht nicht dazu beitragen, Korruption sowie Führungsprobleme in Unternehmen zu lösen.

0 0 Ein Vorteil der Verwendung von Instrumenten der Unternehmensführung kann darin gesehen werden, dass sie bei reflektierter Anwendung einen deflexiven Charakter entfalten und damit die Dekonstruktion von Meta-Erzählungen verhindern. Dies ist besonders bei Portoliomethoden der Fall.

r f Block 2:

0 0 Neben einer philosophischen Grundeinstellung bezeichnet der Begriff „Post-moderne" auch eine Epoche. Eine Vorstufe der Dekonstruktion ist die kritische Deflexion, die durch positive oder negative Ereignisse ausgelöst werden kann.

0 0 Zur Aufgabe der Unternehmensführung als wichtige Institution der Kernorgane gehört es insbesondere, die so genannten „Ziele für die Unternehmung" in „Ziele der Unternehmung" zu transformieren.

0 0 Die SWOT-Analyse leitet auf den unternehmensanalytisch erkannten Stärken und Schwächen sowie den umweltanalytisch erkannten Chancen und Risiken für das Gesamtunternehmen Gelegenheiten und Gefahren ab.

0 0 Die Verwendung des PIMS-Konzepts ist für regional agierende Klein- und Mittel-standsunternehmen wenig geeignet. Positiv kann das PIMS-Konzept dagegen bewertet werden, weil es die Bedeutung des RMA für Mittelstandsunternehmen aufzeigt und vor allem von deutschen Unternehmen für Benchmarkingzwecke gut geeignet ist.

0 0 Nach Gälweiler kann ein Unternehmen selbst dann wachsen, wenn es auf Märk-ten tätig ist, die schrumpfen. Liegt das Wachstum des Marktes bei -10% und steigt der Marktanteil eines Unternehmens auf diesem Markt von 10% auf 19%, so ist dies beispielsweise der Fall.

r f Block 3:

0 0 Eine Stärke des Stärken-Schwächen-Profils von Hinterhuber für die Potenzial-analyse liegt u.a. darin, dass er für die Beurteilung der Kostensituation und der Differenzierungsposition eines Unternehmens im Vergleich zum stärksten Kon-kurrenten nur einen Rating-Wert vergibt.

0 0 Beim BCG-Portfolio handelt es sich letztlich um eine SWOT-Analyse. Je höher (geringer) dabei das Marktwachstum, desto eher handelt es sich um Gelegen-heiten (Risiken); und je höher (geringer) der RMA, desto eher handelt es sich um Chancen (Schwächen) des Unternehmens.

0 0 Bei so genannten Make-or-Buy- und Personal-Portfolios kommt es in der Regel zum so genannten Punktwolkeneffekt. Bei Aggregation der jeweils zu positionie-renden Objekte ist außerdem ein Trend zur Mitte zu erwarten. Dies führt u.a. dazu, dass die Ränder bzw. Außenkanten dieser Portfolios keine bzw. nur in seltenen Fällen Objekte aufweisen werden.

0 0 Wenn sich vier Unternehmen einen Markt teilen, wobei U1 einen Marktanteil von 30%, U2 einen von 30% und U3 einen RMA von 0,6 hat, dann hat U4 einen höhe-ren prozentualen Marktanteil als U3 und der RMA von U4 liegt unter 2.

0 0 Bei einem slope von 70 % und einem relativen Marktanteil von 2 für ein Unterneh-men U, dessen bester Konkurrent K einen relativen Marktanteil von 0,5 aufweist, müssten die durchschnittlichen Stückkosten von K bei 7 Euro liegen, wenn sie bei U bei 10 Euro liegen.

r f Block 4:

0 0 Ob bei der Erstellung von McKinsey-Portfolios bei einem orperationalisierenden Kriterium ein so genannter Skaliertausch erforderlich ist, kann von der Unternehmenssituation abhängig sein.

0 0 Vertikale Rückwärtsintegrationsstrategien führen unter sonst gleichen Verhältnissen zu einer Ausweitung bzw. Erhöhung der Fertigungstiefe. Dadurch wird sich die Personalintensität erhöhen, während die Materialintensität sinkt.

0 0 Make-or-Buy- bzw. vertikale Integrations- und Disintegrationsentscheidungen beeinflussen die Kostenstrukturen eines Unternehmens. Beim Übergang zu Buy werden die variablen Gesamtkosten (Kv) steigen.

0 0 Beim Übergang zur vertikalen Integration nach hinten (also Richtung Rohstoffseite) erhöht sich der Anteil der Fertigungskosten an den Herstellkosten. Auch der Umsatz wird sich dadurch erhöhen.

0 0 Die Wertschöpfungsquote von Unternehmen sollte antizipativ abgeschätzt werden. Für Investitionen in Personal (Personalbeschaffung/-entwicklung) und technisches Equipment als auch für entsprechende Desinvestitionen könnte eine solche Vorgehensweise eine Lenkungsfunktion übernehmen.

r f Block 5:

0 0 Die Anwendung der Conjoint-Analyse für Zwecke der Gewinnung von Relevanzen für die „ends" in einem Target-Costing-Projekt ist in der Praxis zu empfehlen, weil sich diese Relevanzen leichter erheben lassen als dies durch Ratingzuordnungen durch Kunden möglich ist.

0 0 Liegt die Skalierspanne für ein Stärken-Schwächen-Rating bei QFD für die „ends" zwischen -3 und +3 und die Skalierspanne für die Relevanzzuweisung zwischen 0 und 7, so liegt das Maximum der relevanten Stärke bei +21. Dass dieser Wert tatsächlich erreicht wird, ist in der Praxis eher unrealistisch.

0 0 Die Conjoint-Analyse könnte genutzt werden, um die Gewichte der „ends" in einem Target-Costing-Projekt zu bestimmen. Insbesondere bei vielen „ends" bietet sich hierfür in der Praxis die Conjoint-Analyse an.

0 0 So genannte Subventionierungseffekte werden im bekannten Aufsatz von Jonen und Lingnau im Zusammenhang mit ihrem Fallbeispiel zur Conjoint-Analyse nicht thematisiert. Solche Subventionierungseffekte in Conjoint-Analysen können sowohl durch die entsprechende Verknüpfung von Merkmalsausprägungen mit anderen Merkmalsausprägungen bei der Erstellung der Stimuli für das reduzierte Design als auch durch den Algorithmus für die Ermittlung der Teilpräferenzwerte bedingt sein.

0 0 Je weniger das Stimulifeld des reduzierten Designs die gesamte Nutzenspanne des Volldesigns ausschöpft (z.B. nur 10 Prozent), desto eher ist davon auszugehen, dass die Differenzierungsrelevanzen bzw. Nutzenspannen der Merkmale hoch ausfallen.

Lösungsblatt:

Block 1		Block 2		Block 3		Block 4		Block 5	
r	f	r	f	r	f	r	f	r	f
0	0	0	0	0	0	0	0	0	0
0	0	0	0	0	0	0	0	0	0
0	0	0	0	0	0	0	0	0	0
0	0	0	0	0	0	0	0	0	0
0	0	0	0	0	0	0	0	0	0

Teil B

Unten sind für vier strategische Geschäftseinheiten der AMI GmbH sehr vereinfacht ein Marktwachstums-Marktanteils-Portfolio auf Basis von BCG und zwei Ergebniskennlinien (für den Deckungsbeitrag 1 und den Gewinn vor Steuern) skizziert.

Die Ergebnisrechnung der AMI GmbH ist folglich lediglich zweistufig. Die Reihenfolgen der strategischen Geschäftseinheiten in den zwei Ergebnis-kennlinien sind jeweils identisch.

Beurteilen Sie u.a. darauf aufbauend die Aussagen bzw. bearbeiten Sie die Aufgaben von Frau Julia, der Geschäftsführerin der AMI-GmbH (denken Sie bitte auch an entsprechende Begründungen):

a) „Wenn wir als AMI GmbH bei allen SGEs nur einen Konkurrenten haben, dann haben unsere strategischen Geschäftseinheiten A und D den gleichen prozentualen Marktanteil, während die prozentualen Marktanteile unseres Konkurrenten bei den strategischen Geschäftseinheiten A und D doppelt so hoch sind. Bei SGE C haben dann wir und unser Konkurrent jeweils 50% Marktanteil."

b) „Die Fixkosten der strategischen Geschäftseinheit C sind niedriger als die Fixkosten der strategischen Geschäftseinheit B. Außerdem weist die

Ergebnisrechnung für die strategische Geschäftseinheit A keine Fixkosten aus."

c) „Bei der strategischen Geschäftseinheit D sind wir leider nicht einmal in der Lage, unsere variablen Kosten zu decken. Der Ergebniskennlinienabschnitt der strategischen Geschäftseinheit D auf Basis des Gewinns vor Steuern ist außerdem nicht plausibel, weil er negative Fixkosten unterstellt."

d) „Bei einem Slope von 80% bei der strategischen Geschäftseinheit D und durchschnittlichen Stückkosten von 20 Euro bei unserem Konkurrenten müssten unsere durchschnittlichen Stückkosten bei der strategischen Geschäftseinheit D wie hoch sein?"

e) „Wenn wir wieder unterstellen, wir hätten nur einen Konkurrenten, dann müsste unser Konkurrent bei der strategischen Geschäftseinheit A einen positiven Deckungsbeitrag 1 erwirtschaften, während er bei der strategischen Geschäftseinheit B sowohl auf Basis des Deckungsbeitrages 1 als auch auf Basis des Gewinns vor Steuern eine geringere Umsatzrendite erwirtschaften müsste als wir."

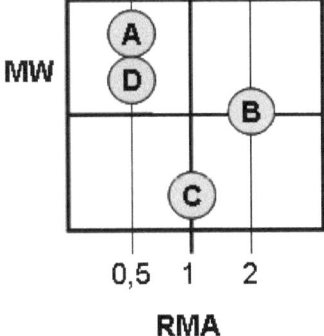

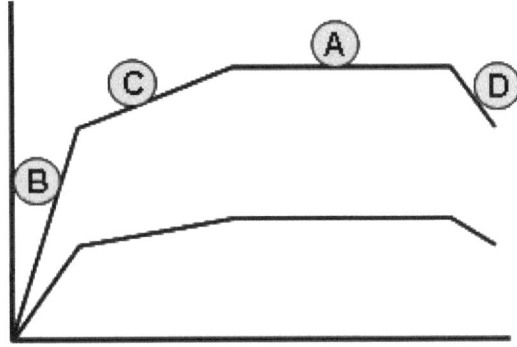

Kapitel V

1. Kurze Übungsaufgaben und typische Lern- und Detailfragen

Dieses Kapitel umfasst kurze Übungsaufgaben und Lernfragen, wie sie in mündlichen Prüfungen an Hochschulen und Universitäten sowie sonstigen Bildungseinrichtungen in den Fächern Unternehmensführung und -entwicklung sowie strategisches Management und strategisches Controlling typischerweise gestellt werden. Sie sind auch typisch für schriftliche Detailfragen, die in wenigen Sätzen zu beantworten sind. In Punkt 2 gibt es außerdem schriftliche Examensthemen.

a) Inwiefern handelt es sich bei einem BCG-Portfolio um eine SWOT-Analyse?

b) Bei den „Zielen der Unternehmung" handelt es sich meist um sehr globale Ziele. Welche Bedeutung kommt in dieser Hinsicht den so genannten Zieldimensionen zu (bitte erläutern Sie)?

c) Welche Vorteile hat ein inkrementales Planungsvorgehen im Vergleich zu einer synoptischen Planungsphilosophie (bitte drei erläutern)?

d) Erläutern Sie kurz die Stufen der so genannten vertikalen Linie eines Business Plans und zeigen Sie daran die „Mächtigkeit" der klassischen Produkt-Markt-Matrix von Ansoff auf.

e) „Innovation schreit nach Integration, Degeneration fordert Disintegration". Erläutern Sie diesen Slogan angesichts des internen Wachstums von Unternehmen.

f) Erläutern Sie je zwei Vor- und Nachteile des Target Costing im Vergleich zur Conjoint-Analyse.

g) Skizzieren Sie eine mit konkreten Zahlen unterfütterte Einflussgrößenmatrix und darauf aufbauend ein Einflussgrößenportfolio mit vier Elementen, wobei sich ein träges, passives, kritisches und aktives Element ergeben soll.

h) Erläutern Sie die empirie-gestützte und die traditionelle Argumentation für eine kundenorientierte Unternehmensentwicklung.

i) Erstellen Sie für zwei Means einer Hochschule eine „kurze" Means-End-Kette.

j) Inwiefern weist das QFD im Vergleich zum SRD Vorteile auf (bitte drei erläutern).

k) Zeigen Sie drei Unterschiede zwischen SRD-Matrix und SRD-Aktionsmatrix.

l) Welche Beziehung sehen Sie zwischen „Marktversagen" und dem vertikalen Integrationsgrad von Unternehmen?

m) Nennen Sie sechs typische Komponenten von Business Plänen und Ihnen bekannte Arten der (externen) Diversifikation.

n) Erläutern Sie kurz die vier Aktionsfelder der Ressourcen-Struktur-Matrix sowie die Notwendigkeit eines „fits" zur Produkt-Markt-Matrix von Ansoff.

o) Beschreiben Sie drei Bedeutungsaspekte der Wertkettenlandkarte für das Management.

p) Erläutern Sie Unterschiede zwischen Planungsträger, Planungsverantwortlicher und Planungsinformator.

q) Welcher Unterschied besteht zwischen „Zielen für die Unternehmung" und „Zielen der Unternehmung"?

r) Was versteht man unter einem so genannten AMBA-Portfolio?

s) Erstellen Sie eine kurze (maximal 1 Seite) Reizwortgeschichte aus folgenden Begriffen: RMA, ROI, Ergebniskennlinie, Ressourcen-Struktur-Matrix, vertikale Integrationsstrategie, Fixkosten.

t) Erläutern Sie zwei Ihnen bekannte und grundsätzliche Planungsauffassungen bzw. -philosophien.

u) Wenn sich fünf Unternehmen einen Markt teilen, wobei U1 einen Marktanteil von 40%, U2 einen von 20% und U3 einen RMA von 0,25 hat, wie hoch ist dann der RMA der Unternehmen U1, U2 und U4 sowie der prozentuale Marktanteil von U3 und U4, wenn der Marktanteil von U5 bei 25% liegt?

v) Welche Aufgaben haben so genannte Ursache-Wirkungsketten im Rahmen einer Balanced Scorecard?

w) Erläutern Sie Gründe für die Entstehung des „Trends zur Mitte" bei der praktischen Konstruktion von Portfolios auf Basis von McKinsey.

x) Geben Sie eine kurze Beschreibung der so genannten „Postmoderne".

y) Beschreiben Sie jeweils die Wirkungen folgender Vorgänge auf den Return on Investment: a) Senkung der Vorräte, b) Verkauf einer Maschine aus dem Anlagevermögen, c) Verringerung der Durchlaufzeiten, d) Rückzahlung von Verbindlichkeiten.

z) Aus welchen Perspektiven besteht typischerweise eine Balanced Scorecard? Geben Sie dafür jeweils ein Beispiel für Steuerungs- bzw. Messgrößen und denkbare Ausprägungen.

2. Examens- und umfangreiche Prüfungsthemen

a) Das PIMS-Konzept und seine Eignung für die Führung und das Benchmarking von Mittelstandsunternehmen.

b) Praktische Konstruktionsprobleme bei der Erstellung von McKinsey-Portfolios und Möglichkeiten ihrer Handhabung.

c) Postmoderne als Herausforderung für die Führung.

d) Das Erfahrungskurvenkonzept und sein Einsatz für das Management auf der Beschaffungs- und Absatzseite von Unternehmen.

e) Subjektive Manipulationsmöglichkeiten beim praktischen Einsatz des Conjoint Measurement.

f) Unternehmen im Qualitäts- und Kostenwettbewerb – Target Costing und Quality Function Deployment als Hilfsmittel für das Management.

g) Balanced Scorecard aus Sicht des SWOT-analytischen Ansatzes der five forces.

h) Die Überlegenheit des Success Resource Deployment im Vergleich zum Target Costing und Quality Function Deployment.

i) Benchmarking mit Conjoint Measurement, Target Costing, Quality Function Deployment und Success Resource Deployment.

j) Beispiele für Meta-Erzählungen in Unternehmen und ihre Dekonstruktion.